CHRISTIANE WIDMER   CHRISTIAN LIENHARD   RUTH CANOVA

550 JAHRE BASLER HERBSTMESSE

Unterstützt vom

Impressum
Christiane Widmer, Christian Lienhard, Ruth Canova:
550 Jahre Basler Herbstmesse. Tradition mit Zukunft.
Basel: Spalentor Verlag AG, 2020
ISBN 978-3-908142-69-0
© Gestaltung, Realisation und Produktion:
Spalentor Verlag AG

CHRISTIANE WIDMER   CHRISTIAN LIENHARD   RUTH CANOVA   SPALENTOR VERLAG

550 JAHRE BASLER HERBST MESSE

INHALT

Kulturgut mit Zukunft
Bundesrat Guy Parmelin	9
Regierungsrat Conradin Cramer	11
Sabine Horvath, Leiterin Aussenbeziehungen und Standortmarketing	13

Seit 550 Jahren ein Erlebnis
Die Geschichte der Messe zu Basel	15
Willkommene Abwechslungen: Kirchweih, Jahrmarkt, Messe	16
Der Münsterplatz: Prozessionen, Turniere, Märkte und Messen	33
Der Barfüsserplatz: Friedhof, Schweinemarkt, Stadtzentrum	40
Der Petersplatz: Garten, Promenade, Schiessplatz	48
Die Rosental-Anlage: Friedhof, Eisbahn, Zirkus-Platz	58
Der Messeplatz: Bahnhofsplatz, Begegnungsort, Durchblick	66
Die Hallen-Messen: Schifflibach, Spiegelsalon, 80er Nostalgie	72
Die Kaserne: Kloster, Militärparaden, Kulturplatz	77

‹z Basel isch Mäss›
Plakate und Illustrationen im Laufe der Jahrzehnte	81
Plakate: Die Basler Schule machte Schule	82
Airbrushing: Das Design mit der Spritzpistole	89

Immer unterwegs
23 Porträts von Schausteller*innen und Marktfahrer*innen:	97
Evelyne Aebi: jedes Stück ein Unikat	98
Inge Bruch: Stillstand ist Rückstand	101
Wiebke Bruch: von klein an hoch hinaus	104
Elisabeth Corbière: Basler Kameltreiber sind höflicher	107
Graziella Hablützel: Gesundes im Schoggimantel	110
Hermann Häseli: von 121 Lehrern unterrichtet	113
Walter Hanselmann: artgerechte Bienen-Haltung	116
Astrid Jonasch: die Tessinerin der Jonasch-Familie	119
Paul Läuppi: «Yyschtyyge, Blatz näh! Das macht Freude...!»	122
Hanspeter Maier: Über 4g wird es kritisch	125
Yvonne Menz: Selbst ist die Frau	128
Roger Michel: Jeder bekommt eine Extrawurst	131
Selmeli Ratti: Kinder, Hühner und ein grosses Herz	134
Lena Roie: Unsere Pferde werden jeden Morgen poliert	137
Jeffery Sandragesan: vom Gewürzstand zum Steakhouse	140
Pascal Steiner: Fahrt in den Dschungel	143

Hanspeter Stern und Nicole Jost: viele, viele bunte Plättchen	146
Jacqueline Strupler: von der Missionarstochter zur Schiessbudendame	149
Wacker & Schwob: Kääskiechli, Roosekiechli und Waggislogge	152
Doris Weiller und Sibylle Gutzwiller: «Sinn er alli doo...?»	155
Yvonne Wettengl: die Raffel-Königin aus Bülach	160
Erich Wolf: Die Kundschaft ist nicht immer einfach	163
Lisa und Eugen Zanolla: alles für die Familie	166

Licht und Duft und Freude

Fotoimpressionen von der Basler Herbstmesse 2019	169

Moggedaig, Puderzucker und hoch hinaus

Reportagen der Mässmoggen- und Roosekiechli-Herstellung und vom Riesenrad-Aufbau	185
Die Mässmoggen-Produktion: ziehen, ziehen, ziehen!	186
Das Roosekiechli: schon 1711 auf dem Menüplan der Zünfte	209
Das Riesenrad auf dem Münsterplatz: Präzision und Kletterkunst bei jedem Wetter	215

E Guete!

Süsse und herzhafte Köstlichkeiten	241
Genusssüchtige Basler: vom Honiglebkuchen bis zur Frühlingsrolle	242

Nebenschauplätze

Handschuhe, Pfarrerinnen, Socken und Lobbyisten	249
Franz Baur: ohne Handschuh keine Messe	250
Dieter Binggeli: vom Räucherstäbchen zum Spanferkel	253
Oskar Herzig: Die Herbstmesse ist ein Teil der Basler Identität	256
Katharina Hoby, Eveline Saoud, Adrian Bolzern: Wanderhirtinnen und -hirten	258
Peter Howald: Erholung auf dem See	264
Urs Joerg: von Bibeln und Socken	266
Charlie Senn: fünf Generationen Schausteller	268

Von Kilowatt und Quadratmetern

Planung ist das halbe Leben	271
Elektrizität: Die Stromer sorgen für den Antrieb	272
Fachstelle Messen und Märkte: «Auf Eure Plätze, fertig, los!»	275
Markthäuser: das ist der Hammer!	279
Polizei: sicher ist sicher	280
Rettung: Helfer in der Not	282
Stadtreinigung: von Johannkübeln und kleinen Tonnen	284
TÜV: die Lizenz zum Loslegen	285

Quellen und Bildnachweis	287

Kulturgut mit Zukunft

Worte von Bundesrat Guy Parmelin,
Regierungsrat Conradin Cramer
Sabine Horvath, Leiterin Aussenbeziehungen
und Standortmarketing

Bundesrat Guy Parmelin:
550 Jahre – und kein bisschen müde!

Ein Basler Kulturgut feiert in einem aussergewöhnlichen Jahr ein ausserordentliches Jubiläum: Kaum eine andere Institution kann auf eine 550-jährige Geschichte zurückblicken. Die Basler Herbstmesse kann es – dazu gratuliere ich herzlich! Mit ihrer jahrhundertealten Tradition gehört sie zum lebendigen Kulturgut der Stadt und zieht mit ihrer weitreichenden Ausstrahlung Besucher aus der ganzen Schweiz und dem benachbarten Ausland an.

Im 15. Jahrhundert als Massnahme zum wirtschaftlichen Aufschwung konzipiert, hat sich die Basler Herbstmesse in ihrer langen Geschichte immer wieder verändert und den Umständen und Bedürfnissen angepasst. Und sie hat nicht nur die Entwicklung des Messewesens der Stadt, sondern der ganzen Schweiz mitgeprägt. Nach dem kaiserlichen Messeprivileg von 1471 an die Stadt Basel für die Durchführung von Jahrmärkten – bewilligt auf «ewige Zeiten» – sind weitere Messestandorte in der Schweiz entstanden: etwa die MCH Group mit ihren Standorten in Basel und Zürich, die BEA in Bern, die OLMA in St. Gallen oder die Lozärner Mäss in Luzern und der Comptoir Helvétique in Lausanne. Viele nationale und internationale Messen am Rheinknie haben seither grosse Geschichte geschrieben und sich in den lokalen Traditionen verfestigt, sei es die frühere Muba, die Uhren- und Schmuckmesse BASELWORLD oder bis heute die Art Basel, die internationale Leitmesse für Kunst des 20./21. Jahrhunderts mit ihren erfolgreichen Schwestermessen in Miami Beach und Hong Kong.

«Messen als Orte des Austausches und der Begegnung stehen für Tradition, aber auch für Neues.»

Messen als Orte des Austausches und der Begegnung stehen für Tradition, aber auch für Neues. An Messen werden neue Produkte und Dienstleistungen lanciert oder Weiterentwicklungen präsentiert. Hier bekommt der Markt ein Gesicht: Aussteller werben direkt um die Gunst des Publikums und stehen in direktem Vergleich zu ihren Konkurrenten. Dadurch müssen sie ihre Waren und Dienstleistungen ständig weiterentwickeln, um sich abzuheben. Das begünstigt die für unser rohstoffarmes Land so wichtige Innovationskraft. Die ausgezeichnete Ausbildung ist Basis für dieses charakteristische Merkmal der schweizerischen Schaffenskraft: Von der Berufslehre bis hin zur Hochschule bringen unsere Bildungsstätten bestens qualifizierte und hoch motivierte Mitarbeiter hervor. Die wirtschaftlich bedeutenden Messen stärken nicht nur eine Region, sondern auch die internationale Reputation unseres Wirtschafts- und Tourismusstandortes und verdeutlichen die enge internationale Verflechtung der Schweiz.

Der Wohlstand unseres Landes ist nicht selbstverständlich. So müssen wir uns auch heute regelmässig die Frage stellen, mit welchen Massnahmen wir unseren Standort weiter voranbringen können, um die aktuellen und kommenden Herausforderungen zu meistern. Das gilt gerade auch für das Messewesen: Die zunehmende Digitalisierung und das veränderte Einkaufsverhalten haben die Branche in den letzten Jahren stark verändert. Hinzu kommen die pandemiebedingten Auswirkungen auf das internationale Messewesen, wie zum Beispiel anhaltende Reisebeschränkungen oder aber die Verlagerung der Ausstellungen in den virtuellen Raum. Organisatoren und Aussteller sind gefordert, diese Entwicklungen aufzunehmen und neue Konzepte zu entwickeln, und dabei die traditionellen Stärken des Messewesens – unmittelbares Erlebnis, direkte Begegnung und persönliche Betreuung – auszuspielen.

> «Die Messestadt Basel kann auf die typisch schweizerischen Stärken bauen: der Tradition verpflichtet und zugleich erfinderisch und initiativ.»

Mit der langen Tradition und dem grossen Wissensschatz ist die Messestadt Basel bestens positioniert, um die kommenden Chancen und Herausforderungen zu meistern und den Wandel aktiv mitzugestalten. Sie kann dabei auf die typisch schweizerischen Stärken bauen: der Tradition verpflichtet, und zugleich erfinderisch und initiativ.

Auch wenn im aussergewöhnlichen 2020 das Messglöcklein die Herbstmesse nur symbolisch und ohne Eröffnungsfeier einläutete, bin ich zuversichtlich, dass die Basler Messetradition weiterhin Bestand haben und die lange Geschichte der Basler Herbstmesse weitergeschrieben wird. Damit sich Kinder und Erwachsene – vielleicht bis in «ewige Zeiten» – an wirbelnden Bahnen, gebrannten Mandeln und neuen Attraktionen erfreuen können!

Guy Parmelin
Bundesrat

Regierungsrat Conradin Cramer:
Ein Basler Kulturgut ‹für alle Zeiten›

Liebe Leserin, lieber Leser

Der Bummel über ‹d Mäss› – sei es an der Hand der Eltern, der Gotte oder dem Götti oder später dann in einer Gruppe von Gleichaltrigen – gehört wohl für alle, die in Basel aufgewachsen sind, zu den prägenden Kindheitserinnerungen. Umso schmerzhafter ist es, dass gerade die Kinder im Corona-Jahr 2020 um dieses Erlebnis gebracht wurden. Seit Kaiser Friedrich III. der Stadt Basel 1471 «*für alle Zeiten*» das Messeprivileg verliehen hat, war es erst das fünfte Mal, dass die Herbstmesse nicht stattfinden konnte. Immer war es eine Pandemie (vor Corona zuletzt die Spanische Grippe nach dem Ersten Weltkrieg) oder – wie man früher sagte – eine Seuche, die der grössten Vergnügungsmesse der Schweiz einen Strich durch die Rechnung gemacht hat. Das hat die Messe-Tradition aber nie zum Erliegen gebracht und das wird auch dieses Mal nicht anders sein. Die Herbstmesse-Tradition ist auch nach 550 Jahren quicklebendig.

> «Die heutige Messe mit ihren 500 Ständen, Buden und Bahnen quer über die Stadt verstreut hätten sich unsere Grosseltern so wohl nicht träumen lassen.»

Vieles, von dem man als Kind glaubt, es sei immer schon so gewesen, ist nicht seit ewigen Zeiten in Stein gemeisselt. Auch die Herbstmesse war stets dem Zeitgeist und wechselnden Moden ausgesetzt. Das lässt sich nicht nur gut an der technischen Weiterentwicklung der Bahnen verfolgen, die immer mehr Geschwindigkeit und Nervenkitzel bieten müssen: Auch kulinarisch gab es immer wieder (vermeintlich) baslerische Innovationen wie den ‹Mässmogge›, das Magenbrot oder jüngst den ‹Kääsbängel›, mit dem findige Händler ihre Kassen zum Klingeln brachten.

Die heutige Messe mit ihren 500 Ständen, Buden und Bahnen quer über die Stadt verstreut hätten sich unsere Grosseltern so wohl nicht träumen lassen. Und dass mittlerweile jeden Herbst deswegen rund eine Million Besucher in die Stadt strömen, war bis weit in die Neuzeit hinein unvorstellbar. Auf dem Münsterplatz etwa, der heute mit Riesenrad, Riesenrutschbahn und Kettenkarussell der Familien-Messeplatz schlechthin ist, fand mehr als ein Jahrhundert gar kein

Messetreiben statt. Erst 1982 kehrte die Messe, die einer meiner Vorgänger 1877 «wegen Störung des Schulbetriebs» auf den Petersplatz verlegen liess, wieder auf den Münsterhügel zurück. Und erst nach dem Zweiten Weltkrieg tauchte beispielsweise die Zuckerwatte erstmals an der ‹Mäss› auf. Sie wurde übrigens – wie man auf den farbigen Plakatsäulen erfährt, die im ganzen Jubiläumsjahr in der Stadt aufgestellt sind – nicht von amerikanischen Zahnärzten erfunden…

Stöbert man in der Geschichte der Herbstmesse, wird einem bewusst, wie immer wieder Anderes die Bevölkerung in den Bann gezogen hat. Im 17. Jahrhundert etwa sorgte die Präsentation eines lebendigen Elefanten in der Freien Strasse für Aufsehen. Und noch bis weit ins 20. Jahrhundert hinein zogen Attraktionen wie eine Frau ohne Kopf, Wahrsagerinnen oder kettensprengende Kraftprotze das schaulustige Publikum in Scharen an.

Auch wenn die ‹Schifflischaukeln›, Geisterbahnen und frühen Achterbahnen, die schon Anfang des 20. Jahrhunderts an der Herbstmesse auftauchten, der heutigen Jugend wohl nur noch ein müdes Lächeln entlocken würden: Das Warten, bis man endlich gross genug war, um erstmals auf einer ‹Botschautobahn› oder der unverwüstlichen ‹Calypso› seine Runden drehen zu dürfen, gehört für ganze Generationen von Baslerinnen und Baslern genauso zum Faszinosum Herbstmesse wie der Duft von gebrannten Mandeln, ‹Roosekiechli› oder einem währschaften Klöpfer.

> «Was macht die Basler Herbstmesse seit vielen Generationen speziell für Basler Kinder zu einem – nur noch mit der Fasnacht vergleichbaren – Höhepunkt im Jahr?»

Doch was macht die Basler Herbstmesse seit vielen Generationen speziell für Basler Kinder zu einem – nur noch mit der Fasnacht vergleichbaren – Höhepunkt im Jahr? Sind es wirklich die Bahnen, die jedes Jahr noch ein wenig halsbrecherischer werden müssen? Oder geht auch bei Kindern die Liebe durch den Magen und über die Vorfreude auf die knallbunten ‹Magenmorsellen›, einen gefüllten Biber oder einen ‹Beggeschmutz›? Oder sind es, wie bei vielen Erwachsenen, vielleicht doch eher atmosphärische Details wie die vielen farbigen Lichter oder die Luftballons, die noch Wochen nach Messe-Ende in den Kinderzimmern langsam vor sich hin schrumpfen?

Es ist wohl eine Mischung aus all dem und noch viel mehr, welche die Augen vieler Baslerinnen und Basler beim Wort ‹Herbschtmäss› glänzen lässt. Diese Mischung stiftet Identität und ist ein Kulturgut, auf das Basel stolz sein kann, und auf das wir alle, wie es der Stifter verfügt hat, *«für alle Zeiten»* nicht verzichten möchten.

Conradin Cramer
Vorsteher des Erziehungsdepartements Basel-Stadt

Sabine Horvath:
Basler Herbstmesse – Tradition mit Zukunft

Ein 550-Jahr-Jubiläum verpflichtet zur Rückschau und Würdigung des Erreichten. Die Basler Herbstmesse in der heutigen Form mit sieben Messestandorten in der Innenstadt und jährlich rund einer Million Besucherinnen und Besuchern geniesst den Ruf einer der grössten Vergnügungsmessen in Europa. Mit der vorliegenden Jubiläums-Publikation wird die Geschichte der letzten Jahrzehnte festgehalten. Zudem geben Menschen, welche die Herbstmesse verkörpern und prägen, einen persönlichen Einblick in ihre Berufung als Schausteller, Pfarrerin, Messeglöckner oder Markthändlerin. Damit wird ein wichtiger Teil der Geschichtsschreibung aufgezeigt.

Das ausserordentliche Herbstmesse-Jubiläum verspricht darüber hinaus ein ganzjähriges Messeerlebnis in der Innenstadt, bringt die Geschichte und Hintergründe des Traditionsanlasses in die Schulzimmer, und es werden in den Social Media viele persönliche Eindrücke vom Riesenrad auf dem Münsterplatz zu finden sein. Das Hier und Heute ist von langer Hand geplant, und wir freuen uns auf ein gutes Gelingen aller Jubiläumsaktivitäten. Gleichzeitig ist ein grosses Jubiläum immer auch der richtige Zeitpunkt, einen Blick in die Zukunft zu wagen und dabei die Herausforderungen und Entwicklungen der nächsten Jahrzehnte zu erkennen und anzugehen. Das Klingen des Messeglöckleins, der Duft der gebrannten Mandeln, das Leuchten der Kinderaugen auf dem funkelnden Karussell und das laute Gekreische während einer wilden Bahnfahrt werden von den künftigen Entwicklungen kaum betroffen sein; sie sind von der Herbstmesse nicht wegzudenken. Am ehesten stellt sich dabei die Frage, in welcher Form in Zukunft an der Herbstmesse bezahlt werden und ab wann ein bargeldloser Messebesuch Realität sein wird. Verändertes Freizeit- und Konsumverhalten und technologische Entwicklungen werden aber auch neue –

> «Die Basler Herbstmesse mit sieben Messestandorten und jährlich rund einer Million Besucherinnen und Besuchern geniesst den Ruf einer der grössten Vergnügungsmessen in Europa.»

und vermutlich auch höhere – Ansprüche und Erwartungen an das Messeerlebnis stellen. Dieser Wandel fordert Messeveranstalter heraus. Traditionsreiche Publikumsmessen wie die altehrwürdige Muba sind verschwunden, weil sie in der heutigen Zeit keinem Kundenbedürfnis mehr entsprechen konnten. Deshalb sollten die Jahrhunderte alte Geschichte der Herbstmesse und der Fortbestand dieses Traditionsanlasses mit Respekt und nicht als Selbstverständlichkeit angesehen werden.

Wir werden gefordert sein, das überlieferte Kulturgut mit neuen Technologien geschickt zu kombinieren: Bahnen werden attraktiver, Informationen werden digitaler, Verpflegungsangebote werden trendiger und die Bedürfnisse der Messebesucherinnen und Messebesucher individueller. Entsprechend gilt es, rund um die Herbstmesse-Traditionen einen attraktiven Rahmen für persönliche Erlebnisse zu schaffen, sei es in Form interaktiver Messeerlebnisse oder virtueller Begegnungen. Dabei dürften auch die Möglichkeiten einer Erweiterung über die physischen Messeplätze hinaus – im Sinne der Augmented Reality – zunehmend Einzug erhalten. Gleichzeitig steigt in einer sich immer schneller drehenden Welt auch das Bedürfnis nach Bewährtem und Vertrautem, und es ist eine Rückbesinnung auf Traditionen und Rituale erkennbar. So verbindet ein grosser Teil der Bevölkerung ganz persönliche Erlebnisse mit der Herbstmesse. Überraschend stark zeigt sich diese Verbundenheit bei der jüngeren Generation, die ihre Messeerlebnisse – wie keine Generation vor ihr – mit der Aussenwelt teilt. Entsprechend haben wir auch die grosse Aufgabe, die Traditionen der Basler Herbstmesse für die nächsten Generationen zu bewahren und sie in geeigneter Form erlebbar zu machen.

Dabei kommt den eingangs erwähnten Hauptakteuren die Hauptrolle zu. Sie sorgen alljährlich für die besonderen Klänge, Düfte und Erlebnisse während der Basler Herbstmesse. Es sind die Schausteller, die Markthändlerinnen, die Confiserien oder der Messeglöckner, welche die Basler Herbstmesse als Kulturgut pflegen und die Traditionen über Generationen weitergeben. Und es sind die Besucherinnen und Besucher, die alljährlich ihre grosse Verbundenheit mit der Herbstmesse zum Ausdruck bringen, was in ausserordentlichen Zeiten wie diesen von besonderer Bedeutung ist. So ist zu hoffen, dass auch in den nächsten Jahrzehnten jeweils am Samstag vor dem 30. Oktober der Messeglöckner würdevoll seinen Handschuh aus dem Fensterchen des Martinskirchturms hält und es wieder heisst: z'Basel isch Mäss!

Sabine Horvath
Leiterin Aussenbeziehungen und Standortmarketing
Präsidialdepartement Kanton Basel-Stadt

Seit 550 Jahren ein Erlebnis

Die Geschichte der Messe zu Basel

Willkommene Abwechslungen:
Kirchweih, Jahrmarkt, Messe

Zur Zeit des Mittelalters war das Leben der Menschen hart. Sie mussten viel arbeiten, die hygienischen Verhältnisse waren sehr schwierig, Kriege und schlechte Ernten führten zu Hungersnöten, schon die kleinste Verletzung oder ein fauler Zahn konnten den Tod bedeuten. Viele waren so genannte Leibeigene, das heisst, sie gehörten einem Herrn und konnten nicht selbst über ihr Leben bestimmen. Dazu kamen die strengen Regeln der Kirche: viermal pro Jahr musste eine Fastenzeit eingehalten werden, hohe kirchliche Feiertage verlangten nach strengen Ritualen… So ist es nicht verwunderlich, dass die wenigen Gelegenheiten zu einer Feier auf grossen Anklang stiessen. Eine davon war die ‹Kirchweih› (Kirmes, Kilbi), das Kirchenfest. Man feierte den jährlich wiederkehrenden Tag, an welchem die Kirche geweiht worden war. Nach der Messe traf man sich auf dem Marktplatz, um von vorbeiziehenden Händlern Waren zu kaufen. An manchen Orten war dies auch der Tag, an welchem das Vieh oder andere landwirtschaftliche Produkte verkauft wurden, manchmal fand auch ein Wettschiessen statt. Oft mussten die Stadtwachen einschreiten, wenn es aufgrund des hohen Alkoholkonsums zu wüsten Schlägereien kam.

Ebenfalls Anlass zum Feiern gaben die Fronfastenmärkte, die viermal pro Jahr stattfanden. Sie waren an vielen Orten die Vorläufer der Jahrmärkte, die jedoch nur den Städten gewährt wurden, die eine gewisse politische Unabhängigkeit hatten. Das Recht, einen Jahrmarkt abzuhalten wurde meistens vom Kaiser, vom König, von einem Grafen oder einem sonstigen Landesherrn vergeben, das so genannte ‹Marktrecht› war oft mit dem ‹Stadtrecht› verbunden. Ein Jahrmarkt war für eine Stadt von grosser wirtschaftlicher Bedeutung, denn hier wurden nicht nur Produkte der Bauern aus dem Umland und von den örtlichen Handwerkern verkauft. Es kamen auch Händler aus weiter entfernten Gebieten in die Stadt, die beispielsweise Salz, Eisen und andere Metalle, Gewürze, Wolle und Stoffe brachten, die sie auf dem Jahrmarkt anboten. Gleichzeitig ermöglichte dieser Markt den lokalen Produzenten, ihre Ware an fremde Kaufleute zu veräussern. In Basel waren dies beispielsweise Messer, die einen ausgezeichneten Ruf hatten, Wolltücher, Leder oder Papier in verschiedenen Qualitäten, später auch Seidenbänder. Doch im Mittelalter basierte der wirtschaftliche Gewinn von Basel nicht auf Produkten, die in der Stadt hergestellt worden waren, sondern auf dem Transithandel, der durch die Zolleinnahmen sehr lukrativ war.

Kirchweih auf einem Holzschnitt von Sebald Beham von 1539. Vor der Kirche wird ein Hochzeitspaar getraut, im Vordergrund finden zahlreiche Aktivitäten statt: ein Bader zieht Zähne, vor dem Wirtshaus wird tüchtig gezecht, es finden Wettläufe und Schwertkämpfe statt, es wird musiziert und getanzt…

> Im Mittelalter zogen viele Händler durch Basel. Sie transportierten unter anderem Flachs, Hanf, Pelze, Leder, flämische und spanische Wolle, feine flandrische Tücher, billige Tücher von Strassburg, Garne, Leinwand und Papier. Eisen, Kupfer, Zinn, Blei, Messing und Stahl. Salz, Südfrüchte, Reis, Öl, Gewürze (speziell Safran) und Heringe.

Basel war der ideale Durchgangsort für den Verkehr zwischen Flandern und dem Rheingebiet im Norden mit Italien und Südfrankreich im Süden; aber auch zwischen Schwaben und Mittelfrankreich. Im späten Mittelalter wurden gemäss den Zollaufzeichnungen folgende Produkte nach Süden transportiert: Flachs, Hanf, Pelze, flämische Wolle, feine flandrische Tücher, billige Tücher von Strassburg, Eisen, Kupfer, Zinn, Blei, Messing und Heringe. In den Norden reisten Spezereien (Gewürze), Südfrüchte, Papier, Reis, Öl, Seife, Garne und Stahl. Aus Schwaben kamen Salz, Leinwand und Barchent (Mischgewebe aus Leinen und Baumwolle); aus Frankreich gab es spanische Wolle, Leder und Safran. Dazu kam noch der tägliche Austausch zwischen der näheren und weiteren Umgebung mit Getreide, Wein und Holz.

Für die Lagerung der Waren gab es 1359 zwei Lagerhäuser: den Ballhof für Stoffballen auf dem Areal der heutigen Safranzunft und das Salzhaus bei der Schifflände. 1373–1376 wurde das ‹Kaufhaus› gebaut; hier konnten die durchreisenden Händler ihre Waren deponieren, bis sie die Ein- und Durchfuhrzölle bezahlt hatten – natürlich verlangte die Stadt für das Lagern zusätzliche Gebühren… Das Kaufhaus an der Stelle der heutigen Hauptpost zwischen Freien Strasse und Gerbergasse wurde bis 1846 benützt.

> **Fronfasten (auch Quartale oder Quatember genannt)**
> Die Fronfasten waren vierteljährliche Fastenzeiten. Sie hatten einen hohen Stellenwert, und auf deren Einhaltung wurde sehr streng geachtet. Die Kirche schrieb jeweils am Mittwoch, Freitag und Samstag das Fasten vor; die Fronfastentage begannen am Mittwoch nach dem Aschermittwoch, am Mittwoch nach Pfingsten, am Mittwoch nach Kreuzerhöhung (14. September) und am Mittwoch nach dem Tag der heiligen Luzia (13. Dezember). In alten Hauskalendern waren diese Tage wie Sonn- und Feiertage rot gedruckt vermerkt. Fasten bedeutete in der Regel der Verzicht auf Fleisch und alkoholische Getränke. Die Fronfasten waren an vielen Orten Termine für Amtshandlungen und sich vierteljährlich wiederholende Verrichtungen. Von den während dieser Zeit geborenen ‹Fronfastenkindern› glaubte man, dass sie Geister sehen könnten. Die Fronfastentage galten als besonders gefährlich, denn zu dieser Zeit waren die Geister am unruhigsten und aufsässigsten. Hexen fuhren zum Tanz, gaben sich dem Teufel hin und zauberten denjenigen Krankheiten an, die nachts noch unterwegs waren.
> Während dieser Tage fanden in vielen Städten so genannte Fronfastenmärkte statt (in Basel bis 1933), an denen es nebst einem vielfältigen Warenangebot auch Attraktionen gab wie Tierdressuren, ‹merkwürdige Menschen›, Karussells, Feuerschlucker, Seiltänzer und vieles mehr.

Um 1400 war Basel eine angesehene, wohlhabende und geachtete freie Stadt des ‹Heiligen Römischen Reichs›. Deshalb wurde sie von der Katholischen Kirche als würdig genug erachtet, Austragungsort eines grossen Reform-Konzils zu sein. *«Basel ist, wie mir scheint, der Mittelpunkt der Christenheit, oder aber dem Mittelpunkt denkbar nahe ...»* beschrieb der am Konzil tätige Sekretär Enea Silvio Piccolomini die Stadt. *«Die Gassen sind weder schmal noch übermässig breit, und Fuhrwerke kommen einander beim Kreuzen nicht in die Quere. Und wenn auch die Lastwagen unaufhörlich vorbeirollen, so reissen die eisenbeschlagenen Räder den Belag nicht auf; daher sehen die Strassen, man mag gehen wo man will, immer sauber aus ...»*

Das Konzil zu Basel

Als Basel 1424 erfuhr, dass das nächste Konzil hier stattfinden sollte, begannen die entsprechenden Vorbereitungen: die Verkehrswege wurden verbessert, die Brücke bei Birsfelden erstellt, eine Münzstätte eingerichtet und zwei Häuser beim Spalentor für die Absonderung der Dirnen erworben. Auch das Personal für die Sicherung der Konzilteilnehmer musste angeworben werden, es wurden Lebensmittel benötigt, und Wohnraum musste zur Verfügung gestellt werden.

Von 1431 bis 1449 trafen sich in Basel kirchliche Würdenträger mit ihren Bediensteten, Fürsten, Herzöge und andere weltliche Herrscher, Handelsherren, Kaufleute, Krämer, interessierte Wissenschaftler, Reisende, Neugierige und viele mehr. Es wurden viele Fragen diskutiert, und sowohl kirchliche wie weltliche Probleme konnten gelöst werden. Als es jedoch um die Frage ging, an welchem Ort man über die Wiedervereinigung der Katholischen mit der Griechisch-Orthodoxen Kirche verhandeln wolle, kam es zum Streit mit Papst Eugen IV: Er verlegte das Konzil 1437 nach Ferrara, was zu einer Spaltung führte. Die Mehrzahl der Konzilteilnehmer blieben in Basel und wurden deshalb vom Papst exkommuniziert. Daraufhin setzten diese Papst Eugen IV. ab und wählten 1439 Amadeus VIII. von Savoyen zum neuen Papst mit dem Namen Felix V. Das führte zu Spannungen mit dem damaligen Kaiser Friedrich III., der auf der Seite von Papst Eugen IV. stand. Die Stadt Basel befand sich politisch sozusagen plötzlich auf ‹der falschen Seite›, denn der Kaiser verlangte 1447 die sofortige Aufhebung des Konzils. Dieses wurde daraufhin 1448 nach Lausanne verlegt, wo es sich 1449 selbst auflöste.

> Von 1431 bis 1449 tagte in Basel ein Konzil, eine Versammlung von wichtigen kirchlichen Würdenträgern aus ganz Europa. Neben kirchenrechtlichen Prozessen – wie beispielsweise den Wahlen von Bischöfen oder der Auslegung der Bibel – wurden auch akute politische Probleme diskutiert: militärische Auseinandersetzungen zwischen Königen, Fürsten und Städten, Friedenslösungen für den Hundertjährigen Krieg, Erbstreitigkeiten; aber auch neue Ideen in der Malerei und anderes.

Seiten 20/21: Jakob Senn, Fronfastenmarkt, 1828. Blick gegen Freie Strasse und Gerbergasse

Nach dem Abschluss des Konzils nahmen die Einkünfte der Stadt stark ab; dies führte zu einem massiven wirtschaftlichen Rückgang. Basel bemühte sich deshalb bei Papst und Kaiser um neue ‹Attraktionen›: Man wollte eine Universität gründen und eine grosse Messe abhalten – 1459 bat eine Basler Gesandtschaft in Mantua den neuen Papst Pius II. um Segen und Hilfe für beides. Die Einwilligung zur Gründung der Universität erteilte der Papst ohne Probleme; das Gesuch für die Genehmigung einer Handelsmesse leitete er jedoch – mit seiner Empfehlung – an Kaiser Friedrich III. weiter. Dieses Gesuch ging jedoch irgendwie verloren. Erst über zehn Jahre später griff die Basler Regierung diesen Plan wieder auf und schickte Bürgermeister Johannes von Bärenfels zum Reichstag (eine grosse Versammlung) in Regensburg. Dieser schaffte es, Friedrich III. zu überzeugen und erhielt am 11. Juli 1471 vom Kaiser das Privileg zum Abhalten von zwei Jahresmessen pro Jahr. Eine sollte im Frühjahr stattfinden, vierzehn Tage vor Pfingsten; die andere im Herbst, 14 Tage vor Martini (11. November).

Die Urkunde enthielt den ausrücklichen Hinweis, dass die Stadt «*sy und ir nachkoemen hinfur zu ewigen zeiten unwiderrueffenlich alle jar jerlichen auf die yzgeschriben zeit die selben jarmerckt und meszen haben*». Der Kaiser garantierte den so genannten ‹Marktfrieden›, was Angriffe auf Marktfahrer durch feindselige Adlige unter Strafe stellte. Auch die Zollfreiheit wurde gewährt, was diese Handelsmessen attraktiver machte als andere Märkte. Basel liess umgehend Kopien der kaiserlichen Urkunde machen und verteilte sie als Werbung in der nahen und fernen Nachbarschaft. Bereits im gleichen Jahr, am 26. Oktober 1471 wurde auf dem Kornmarkt vor dem Rathaus die Eröffnung der Herbstmesse auf den darauf folgenden Tag, dem ‹Sabinentag› ausgerufen.

> Kaiser Friedrich III. (1415–1493) galt lange als ‹des Heiligen Römischen Reiches Erzschlafmütze›. Dies geschah, weil nur etwa 8000 der geschätzten 30 000 bis 50 000 Urkunden bekannt waren, die er während seiner Herrschaftszeit hinterliess. Durch das Aufarbeiten aller Dokumente wird Kaiser Friedrich III. nun viel positiver beurteilt.

Links: Kaiser Friedrich III. auf einem Gemälde, das dem Augsburger Maler Hans Burgkmair d.Ä. zugeschrieben wird; Entstehungszeit gegen Ende des 15. Jahrhunderts.
Oben: Urkunde (‹Privileg›) von Kaiser Friedrich III. vom 11 Juli 1471, Regensburg.

Für die Eröffnung der ersten Basler Herbstmesse übernahm man einen Brauch der deutschen Messen: ein Wettrennen. Es wurde auf einer Wiese vor dem Steinentor abgehalten und ging für Männer über 400 Schritt und für Frauen über 350 Schritt; der erste Preis war ein gutes Stück buntes Schürlitztuch (blauweiss gestreiftes Baumwolltuch). Ferner fanden auch Pferderennen und Schützenwettbewerbe statt. Sehr beliebt war das ‹Obenthür› (aventure, Abenteuer), eine offizielle Lotterie, bei der die Teilnehmenden einen bestimmten Betrag in einen ‹Glückshafen› legten. Im ersten Messejahr nahmen rund 3500 Personen an der Lotterie teil; das Glückshafenbüchlein von 1471 mit allen Einträgen ist glücklicherweise erhalten geblieben. Da die Spieler ihren Namen und Wohnort eintragen mussten, wissen wir, dass viele von ihnen aus dem Sundgau, Breisgau und Elsass stammten. Andere kamen aus Bern, Glarus, Luzern, Zürich, der Ostschweiz und dem Wallis. Es kamen aber auch welche aus Antwerpen, Lübeck, München, Innsbruck und Salzburg wie aus Venedig, Rom, Neapel und Spanien. Wenn man bedenkt, wie beschwerlich die damaligen Reise- und Transportmöglichkeiten waren, dann muss diese Basler Herbstmesse eine ausserordentlich grosse Anziehungskraft gehabt haben.

Natürlich wurde auch für die Unterhaltung der Besucher gesorgt: Zu den Jahrmärkten und Messen reisten häufig auch Vertreter des Fahrenden Volkes an: Bärenführer, Gaukler, Wahrsager, Quacksalber, Musikanten, Seiltänzer, Leierkastenmänner, Flohdresseure, Feuerschlucker – und Taschendiebe, Prostituierte, Betrüger. Deshalb wurden von Anfang an Sicherheitsmassnahmen getroffen. Drei Ratsmitglieder waren speziell für die Messepolizei verantwortlich. Ein eigens einberufenes fünfköpfiges Messegericht urteilte über Fälle von Diebstahl, Gewalt und Betrug – es schlichtete auch Streitigkeiten zwischen Händlern. Berittene Söldner bewachten alle Strassen nach Basel, nur ausgewählte Stadttore waren geöffnet, dies ermöglichte eine bessere Kontrolle der Besucherströme. Die Messepolizei beobachtete auch Münzfälscher und informierte die Messebesucher; so beispielsweise im Jahr 1874: *«Warnung! Auf der Messe werden falsche Zweifrankenstücke mit dem Bild des italienischen Königs Viktor Emanuel ausgegeben!»*

Ihre Darbietungen kündigten die Schausteller im Mittelalter noch mit Handzetteln an; manchmal verwendeten sie dazu Einblatt-Holzschnitte wie den nebenstehenden mit dem Seehund aus dem Jahr 1623. Auf dem unteren Teil wurden Ort und Zeit der Vorführung von Hand eingetragen. Später schalteten sie dann Inserate in den Lokalzeitungen.

Es wurden grosse Mengen an Speisen und Getränken verkauft; Waffel-, Lebkuchen- und Zuckerbäcker boten ihre Süssigkeiten an, es gab Stände mit Marzipan und Schokolade, mit Käse und Brot, und es wurde Wein ausgeschenkt.

Nebst den ‹Tanzbären› wurden exotische Tiere vorgeführt oder spezielle Menschen (die Frau ohne Unterleib, die dicke Bertha, Schwarzafrikaner, Kleinwüchsige und andere). Es gab Theatervorführungen für Erwachsene, (die in gewissen Jahren wegen ihres ‹delikaten› oder politisch unpassenden Inhalts verboten wurden), Ringkämpfer, Zauberer, Jongleure und Entfesselungskünstler.

Sehr beliebt bei den jungen Burschen war der hohe, eingefettete Holzpfahl, an dem man unter den Anfeuerungsrufen der Menge hochzuklettern versuchte; schliesslich lockten an seiner Spitze Schinkenwürste, mit Wein gefüllte Ledersäcke und andere attraktive Gewinne.

Oben: Handzettel mit der Ankündigung eines Seehunds von 1623: «Kunth und zuwissen sey iedermänniglich das alhier ankommen ein gar seltzames schönes Meerwunder / welches lebendig und am Gewicht 70. Pfundt schwer / soll einem ieden der es begehrt zusehen umb ein geringe verehrung gewisen werden»
Unten: Ankündigungsinserate aus dem 19. Jahrhundert

Sensationen aus früheren Zeiten

Es sind einige Berichte von Darbietungen an der Basler Herbstmesse erhalten, die aus heutiger Sicht recht kurios wirken: An der Messe 1693 war ein Elefant zu sehen, der «*in allerhand Künsten geübt war. Konnte mit dem Rüssel einen Ton von sich geben, gleich einer Trompeten. Mit demselben schoss ein Pistolen los, zog auch Gelt und anderes den Leuthen aus den Säckhen und liess 8 bis 10 Männer auf sich sitzen, legte dieselben auch, so ihm sein Meister bedeutete, fein hübsch alle zusammen auf die Seithen am Boden, dass jedoch keinem nichts geschah.*»

Im Jahr 1781 war «*eine junge Riesin aus der Bretagne zu sehen. Ihr Leib war vollkommen so dick wie drei starke Männer und ein Arm von ihr so stark wie der Leib eines andern.*»

Während der Messe 1767 «*liess ein grosser chinesischer Künstler durch einen Zuschauer seinem Compagnon den Kopf abhauen, worauf der grosse Meister dem Geköpften das Haupt wieder aufsetzte, als wäre nichts geschehen*».

1908 war es «*der Riese Pisjakoff, der auf der Messe debütierte und der grösste Mensch der Welt war. Er wog nicht weniger als 188 Kilo. Seine Schuhnummer war 77. Sein Spazierstock wog 3 ¾ Pfund. Im Gasthof beanspruchte der Riese zwei Betten und verschlang die dreifache Portion eines normalen Menschen.*»

1925 stand in der National-Zeitung: «*Hier zieht vor allem eine Bude: ‹Das Weib ohne Kopf› die Schaulustigen an. Bei mehrfachen Demonstrationen gegen dieses ‹Wunder› musste die Polizei einschreiten*».

Der Messbatzen und das ‹Meßgrom›

Im Buch ‹Basler Sitten› von 1944 beschreibt die Autorin Johanna Von der Mühll die Tradition des Messbatzen: «*Und woher nahm jung und alt das Geld, um es an der Messe zu verjubeln? Dazu gab es eben den ‹Meßbatzen›. In einigen Familien war es überhaupt nicht üblich, der Hausfrau einen Meßbatzen zu geben. In anderen Familien wiederum gab der Ehemann der Frau zwanzig Franken Meßgeld. Die Eltern schenkten jedem Kind fünf Franken Meßgeld für den Sparhafen und einen ‹zum Verjubeln›. Als verheiratete Frau bekam man von der Schwiegermutter zwanzig Franken zur Messe geschenkt. Die Großeltern gaben allen Kindern und Großkindern einen Meßbatzen, abgestuft zwischen zwei und fünf Franken. Jeder Dienstbote erhielt einen Meßbatzen von fünf Franken. Die Paten aber schenkten nur dann einen Meßbatzen, wenn das Patenkind dazu einen feierlichen Besuch beim Paten und der Patin machte, oder wenn sie dem Gottenkind auf der Messe begegneten. Dann hatte man entweder einen Batzen zu schenken oder man zeigte dem Kind auf eigene Kosten einige der Herrlichkeiten.*»

Wer die Messe besuchte, vergass nicht die Daheimgebliebenen. Ihnen brachte man den ‹Meßgrom›, das Meßgeschenk mit. Das konnte eine Kleinigkeit sein, ein Lebkuchenherz, ein Luftballon für ein Kind oder ein billiges Spielzeug, wie es massenhaft feilgehalten wurde. Aber es konnte auch etwas ‹Rechtes› sein. Da gab es die Spitzenbuden und den Pelzstand, bei denen man schon tiefer in den Beutel greifen musste.»

Immer ringsherum – das Karussell

Der früheste Bericht über ein Karussell stammt vom englischen Reisenden Peter Mundy. In seinem Tagebuch beschrieb er 1620 die von ihm skizzierte achtsitzige, von Menschenkraft angetriebene Kuriosität, die er in Philippopolis (Bulgarien) angetroffen hatte: «Es besteht aus einem grossen Wagenrad, an dessen äusserer Seite kleine Sitze befestigt sind, worauf die Kinder ihren Platz einnehmen. Dann wird das Rad in Bewegung versetzt, und sie kreisen in horizontaler Richtung herum.»

An der Basler Herbstmesse tauchten die ersten Karussells um 1800 auf. Sie wurden zuerst von Pferden oder Menschen angetrieben, ab etwa 1870 mit Dampf und von den 1930er Jahren an mit Elektrizität. Seit den 1850er Jahren hatten viele Karussells eine Orgel dabei. Sie sorgte für die Musikbegleitung und die nötige Aufmerksamkeit.

In welche Richtung drehen sich die Karussells eigentlich – im oder gegen der Uhrzeigersinn? Das kommt auf die Herkunft an. In den frühen Karussells ritt man ausschliesslich auf Pferdefiguren. Diese Pferde musste der Fahrgast besteigen wie ein Reiter. Und da ein Reiter das Pferd von der linken Seite her besteigt (damit er Schwert oder Lanze mit der rechten Hand halten kann), ist es sinnvoll, wenn dieses seine linke Seite aussen hat, und sich das Karussell folglich im Uhrzeigersinn dreht. So ist es heute noch bei fast allen Karussells in Grossbritannien. Der Ursprung der deutschen Karussells ist ein anderer als jener der angelsächsischen Modelle: Bei mittelalterlichen Reiterspielen gab es Geschicklichkeitsübungen, wo der Ritter mit seiner Lanze kleine Ringe aufspiessen musste. Im 18. Jahrhundert wurden dann Trainings-Karussells entwickelt, bei denen der Reiter auf einem hölzernen Pferd sass, das am Ende eines Drehkreuzes montiert war. Und da die meisten Menschen Rechtshänder sind und folglich die Waffe rechts halten, drehten sich diese Ur-Karussells gegen den Uhrzeigersinn.

Berg- und Talfahrt: die Achterbahn

Die ersten Vorläufer der Achterbahn entstanden im 17. Jh. in Russland. Im Winter wurden Rampen aus Holz mit Schnee und Eis bedeckt, sodass man auf einer Eisschicht diese künstlichen ‹Berge› herunterrutschen konnte. 1804 gab es in Paris auch einen solchen ‹russischen Berg›, der allerdings wegen der vielen Unfälle schon bald wieder stillgelegt wurde. Aufgrund des milderen Klimas entwickelte man in Frankreich Wagen, die auf Schienen den Berg hi-

‹Figur Acht-Bahn› auf dem Kohlenplatz, zwischen 1910 und 1916. Hier lagerten die SBB ursprünglich die Kohlen für ihre Lokomotiven; heute steht da die Markthalle.

nunterfuhren; 1817 gab es in Paris zwei Anlagen; ‹Les Montagnes Russes› und ‹Promenades Aériennes› mit einer Höhe von 30 Metern und einer wellenförmigen Abfahrt. Von Frankreich aus verbreiteten sich diese Bahnen in ganz Europa. Ab Ende des 19. Jh. gab es die ersten Bahnen mit Loopings. Diese waren jedoch viel zu eng, sodass viele Besucher Verletzungen der Halswirbelsäule (‹Schleudertrauma›) davon trugen. Die erste moderne Achterbahn mit Überschlag wurde erst 1976 in den USA mit Hilfe des deutschen Konstrukteurs Werner Stengel entwickelt. Dabei ist der Radius bei der Ein- und Ausfahrt in den Looping viel grösser als im oberen Looping-Teil. Viele der in Europa aufgestellten Achterbahnen wurden übrigens von der Karussellfabrik Heinrich Mack in Waldkirch im Breisgau gebaut; die erste entstand 1921 für die Schausteller Siebold & Herhaus in Zusammenarbeit mit dem Schweizer Heinrich Weidauer, der die Bahn auch in Basel präsentierte.

Ein Messebesuch im 19. Jahrhundert

In seinem Werk ‹Das verspeiste Buch› beschreibt der bekannte Autor Franz Hohler unter anderem, wie sein Urgrossvater im 19. Jahrhundert als junger Mann nach Basel reiste und die Herbstmesse besuchte:

Nach dem Imbiss blieb ihm noch eine Stunde Weges, für die er sich etwas zusammennehmen musste, aber dann war er in Basel und wurde wieder munter, als er zwischen den Ständen der Herbstmesse durchging und sich anschaute, was es alles zu kaufen gab, Hemden, Kragen, Gürtel, Lederzeug, Hosenträger, Anzüge, Westen, Gamaschen, Schuhe, Hühneraugenhobel, Rasiersteine, Shag-Pfeifen, Feuerzeuge, Zigarrenscheren, Tabakbeutel, Schüsseln, Gläser, Barometer, Fernrohre, Körbe, Kunstgussfiguren, Haussegen und Glasbilder, Heilmittel und Schleckereien, vom Magenbrot bis zum türkischen Honig, und Karusselle drehten sich, und Leierkastenmänner sangen Balladen von Schiffsuntergängen und Giftmörderinnen, und in der Laterna Magica konnte man Bilder ansehen von der Schlacht der Sioux-Indianer gegen General Custer und vom Eisenbahnunglück in Münchenstein, Wahrsagerinnen priesen sich an, in einem Zelt stellte sich die dicke Bertha zur Schau, ein Anblick, den sich mein Urgroßvater nicht entgehen ließ, wie er überhaupt eher den Schaubuden nachging als den seriösen Käufen, er brauchte ja auch nichts Bestimmtes dieses Jahr, Schuhe hatte er soeben von seinem frisch verstorbenen Onkel erben können, sie waren noch wie neu, wenn auch um ein Weniges zu knapp, aber die würden sich schon noch ausweiten, gerade nach einem Marsch wie heute, bei dem die Füße etwas anschwollen und das Leder auseinandertrieben. Mit großem Vergnügen schaute er in einem Zelt einem Varietéprogramm zu, in welchem Zauberer und Bodenakrobaten auftraten sowie ein Artist, dessen Kunst darin bestand, dass er immer aufs Neue unheimlich lange Fürze lassen konnte, was das Publikum zu Begeisterungsstürmen hinriss. An den Schießstand ging er auch und gewann mit zwei Schuss eine Nelke aus Seide und Blumendraht, die er sich ins Knopfloch seines Sonntagsanzugs steckte und seiner Frau nach Hause zu bringen gedachte, ebenso wie einen französischen Nagellack, den er bei einer elsässischen Parfumverkäuferin erstand. Für meine zwei- oder dreijährige Großmutter kaufte er ein Päcklein sogenannter Messmocken, eine spezielle Süßigkeit, eigens zur Messe hergestellt, die es heute noch gibt, und für sich selbst eine lombardische Bartwichse, welche er von einem Händler hatte, dem der Schnurrbart links und rechts weit über das Gesicht hinausragte.

Der Billige Jakob

In den 1920er und 1930er Jahren zog der ‹Billige Jakob› immer viele Zuschauer (und Käufer) an. Manchmal gab es auf dem Petersplatz gleich mehrere davon; sie präsentierten ihre Waren nicht in einem Messhäuschen, sondern offen auf einem grossen Tisch. Marcus Fürstenberger beschrieb diese Händler wie folgt: «Zum Billigen Jakob muss einer geboren sein. Er braucht eine imponierende Statur, ein klares, freundliches Gesicht, eine kräftige Stimme und einen sprudelnden Mutterwitz, dann bringt er es zu einem schönen ‹Stand›, das heisst, viele Leute umlagern ihn. Die Vorübergehenden wollen ihn hören, aber er muss sie träf ansprechen und zu fesseln wissen. Dazu muss er demonstrieren können, die Vorteile herausstreichen und zuletzt seinen Trumpf, den billigen Preis, ausspielen. Sofort erkennt er, wer in der Menge als Käufer in Frage kommt. Oft benötigen diese den angepriesenen Artikel gar nicht, doch ihre Kauflust ist geweckt, und sie erstehen ihn aus Sympathie zum Händler. (…)

Der Billige Jakob darf im richtigen Mass übertreiben, niemand nimmt es ihm übel. Er spannt seine Hosenträger aus und lässt sie auf seinen Brustkasten klatschen. Seine Messer schneiden beinahe durch den Druck des eigenen Gewichtes, er stülpt seine Portemonnaies um, zerrt sie mit seinen Bärenpranken auseinander – aber die Nähte halten.

Er wartet auf Einwände, weil er weiss, wie er sie schlagfertig erledigen kann. Den Kritiker verspottet er, ohne ihn zu verletzen. Nur wenn einer ihm mit dummen Sprüchen das Geschäft zu verderben droht, versteht er keinen Spass.

Er spürt, wann der Moment gekommen ist, wo er den belustigten Zuhörer als Käufer gewinnen muss. Sehr oft braucht er dazu einen oder zwei Anreisser, Freunde, die als erste hinzutreten und den Geldbeutel zücken. Andere folgen ihnen gewiss.»

D Mäss lytet y

D Mäss lytet y! Der Minschterbärg durab
jagt im Galopp dailwys, dailwys im Trab
wildwasserglych e Schuelerbuebe-Gwiehl,
rast uff der Seibi dure mit Gebriel.

S pressiert bygoscht! E Jede will an Start
zur erschte Resslirytti-Grafisfahrt;
wohi me luegt, isch alles uff de Sogge,
fir uff e Ressli, in e Gytschli z hogge.

Si stygen uff mit Pfyffen und mit Lärme
und hange dra, wie d Biene, wenn si schwärme,
am näggschte Baum; der Bsitzer wird verruggt,
het Angscht, sy Resslirytti wärd verdruggt.

An allen Egge heert men Orgelimännli,
und d Wafflebegge rischten ihri Pfännli;
me luegt, wär ächt die beschte Waffle haig,
deert äne zieht scho aine Moggedaig.

Dä Stand isch fix und fertig, sälle nonig,
doo het ain Nougat, aine Tirkehonig,
ain ordnet in der Uuslag gfillti Mogge,
d Schiessjumpfere stehn parat mit brennte Logge.

S het glehrti Hind und Katze, Flohtheater,
e Panorama mit em Aetna-Krater,
wo Fyr speyt, und e Wält-Panoptikum
mit Wax-Figure und was dra und drum.

D Mäss lytet y! Es deent wie Wältversehnig.
Me goht und gniesst, git vyl uus oder wenig,
vergisst der Alldag, alle Zorn und d Deibi.
O Rosekiechlizauber uff em Seibi.

Theobald Baerwart (1948)

In der Chronik des Basler Stadtbuchs finden sich mehrere Einträge zur Herbstmesse

26.10.1889: Die Messe des folgenden Jahres, am 26. Oktober eingeläutet, weil der Sabinentag auf einen Sonntag fiel, bot als ‹great attraction› das viel besuchte grosse Zaubertheater von B. Schenk. Das Übrige verdient kaum Erwähnung.

27.10.1891: Einläuten der Messe, welche unter andern Sehenswürdigkeiten hauptsächlich die Menagerie Nouma Hawa, das Wachsfigurencabinet Bracco und das Theater Wallenda bietet.

27.10.1894: Die Messe läutet ein. Unter den Merkwürdigkeiten des Jahrmarktes ragt ein Zaubertheater von Rössner hervor. Der Petersplatz und seine Dependenzen zeigen das übliche Bild.

27.10.1897: Die Messe wird eingeläutet; doch bietet sie in diesem Jahre des Sehens- und Erwähnenswerten nichts.

26.10.1902: Die Messe, die morgen eingeläutet werden soll, nimmt schon heute Sonntag Abend ihren Anfang auf dem Barfüsserplatz. Sie bringt ausser den gewohnten Sehenswürdigkeiten und Lustbarkeiten nichts besonderes.

27.10.1911: Die Messe läutet ein. Seit einigen Jahren hat sie sich zum Barfüsserplatz den ehemaligen Kohlenplatz der S. B. B. erobert. Trotz dieser räumlichen Erweiterung bietet sie aber qualitativ nichts Neues. Der Verkauf ist wie seit mehreren Jahrzehnten auf dem Petersplatz.

27.10.1914: Die Messe läutet ein. Sie beschränkt sich aber laut einem Regierungsbeschluss auf die Warenmesse des Petersplatzes. Schaustellungen und Lustbarkeiten sind dieses Jahr ausgeschlossen.

27.10.1915: Die Messe wird eingeläutet. Nachdem sie voriges Jahr nicht abgehalten worden ist, verteilen sich heuer die Schaubuden und Vergnügungsetablissements auf Barfüsserplatz, Kohlenplatz und Areal des alten badischen Bahnhofs. Die Warenmesse ist wie gewöhnlich auf dem Petersplatz.

27.10.1916: Die Messe wird eröffnet und bietet auf Barfüsser-, Kohlen- und Petersplatz, sowie auf dem Areal des alten Badischen Bahnhofs die gewöhnlichen Schaubuden und Kaufgelegenheiten.

23.10.1926: Die Messe läutet ein – bei richtigem nasskaltem Messwetter. Für den Warenmarkt ist wie üblich der Petersplatz reserviert, während die Schaubuden ausser auf dem Barfüsserplatz und dem Platz hinter der Mustermesse heuer **erstmals** auch **vor dem Messegebäude** auf dem Areal des sog. ‹Vergnügungsparkes› aufgestellt sind.

19.11.1987: Bis zum 25. November organisiert die Muba gleichzeitig die Igeho 87, die Igeho Tech und den 2. ‹Salon Culinaire Mondial›. Mit über 40 000 gesammelten Unterschriften fordern die Initianten der Petition ‹Rettet die Basler Herbstmesse› ein Festhalten am angestammten Ort dieses von Fachmessen bedrohten Anlasses in den Mubahallen.

29.10.1988: Schlag 12 Uhr wird vom Turm der Martinskirche die **erstmals** um das **Kasernenareal** erweiterte Basler Herbstmesse, die Herbstwarenmesse, die ‹Snow 88›, die 15. Basler ‹Wyymäss› und die Begleitveranstaltung der Sammlerbörse eingeläutet.

26.10.1996: Vom Martinsturm wird die 526. Herbstmesse eingeläutet, die heuer auf dem Peters-, Münster-, Barfüsser- und Claraplatz, auf dem Kasernenareal und in und um die Messe Basel abgehalten wird.

24.10.1998: Die Glocke der Martinskirche läutet die 528. Basler Herbstmesse ein. Das durch den Umbau der Messe fehlende Hallenangebot führt zu einer stärkeren Belegung der übrigen Messeplätze, insbesondere des Kasernenareals.

1901 erschien ein Buch mit dem Titel ‹Bilder aus dem Basler Familienleben in baseldeutschen Versen› von Emma Kron. Für die damalige Zeit war es sehr aussergewöhnlich, dass im Buch farbige Illustrationen (von Karl Jauslin) abgedruckt waren, der Verleger Benno Schwabe musste sie in der dafür spezialisierten Firma Sadag in Genf extra drucken lassen.
Die Abbildung zeigt das Basler Mädchen Meyli an der Herbstmesse. Es begegnet seinem Onkel, der ihm eine Prise ‹Schnupfdubak› anbietet. Obwohl das Mädchen noch nie geschnupft hat, will es seinen Onkel nicht beleidigen und greift nach der kleinen Dose, die dieser ihm hinhält. Da springt ihm ein kleiner haariger Teufel ins Gesicht. Meyli stösst einen Schrei aus, lacht dann aber wie alle anderen. Es bekommt dafür vom Onkel ein Nähkistchen mit einem Lebkuchen drin.

Das Einläuten der Messe

Die erste offizielle Basler Herbstmesse begann am Sabinentag, dem 27. Oktober 1471; dieses Datum wurde bis 1925 als Messebeginn eingehalten, egal auf welchen Tag es fiel. Nach zwei Wochen endete die Messe am Tag vor St. Martin. Von 1926 an wurde der Messebeginn auf den letzten Samstag im Oktober festgelegt. Ursprünglich wurde sie vor dem Rathaus ausgerufen und vermutlich durch die Glocken von St. Martin eingeläutet. Diese rief auch unter dem Jahr den Rat zu seinen Versammlungen. Während vielen Jahren war es der Turmwächter, respektive der Sigrist der Martinskirche, der die Herbstmesse einläutete. Seine Arbeit wurde von der Obrigkeit – wie es damals üblich war – mit einem Stück Stoff oder einem Kleidungsstück abgegolten; 1860 erhielt der Turmwächter beispielsweise eine pelzgefütterte Jacke. Es wird erzählt, dass man irgendwann auf Handschuhe umstellte, damit man sicher war, dass der Sigrist auch beim Ausläuten der Messe noch auftauchte – der Glöckner erhält nämlich beim Einläuten nur den linken Handschuh; den rechten bekommt er beim Ausläuten. Die Wahrheit dürfte eher darin liegen, dass Handschuhe ein altes Rechtssymbol verkörpern, das als Zeichen von Machtbefugnis verliehen wurde. – Ursprünglich waren die Handschuhe weiss, wurden dann aber irgendwann schwarz, denn *«schliesslich ist ein Sigrist ja kein Verkehrspolizist»*, schrieb Redaktor Fritz Amstein 1920 in einem Zeitungsartikel. Die heute übliche Überreichungsfeier des Handschuhs wurde 1936 von der Basler Denkmalpflege eingeführt. Seit einigen Jahrzehnten ist es auch nicht mehr der Sigrist, sondern ein ausgewählter Messeglöckner, der die Messe ein- und ausläutet (siehe Porträt des aktuellen Messeglöckners Franz Baur auf Seite 250).

Übrigens: Die ebenfalls von Kaiser Friedrich bewilligte Frühjahrsmesse wurde keine zwanzig Jahre durchgeführt; die in den Zünften verbundenen Handwerker und Krämer wehrten sich so heftig gegen die Konkurrenz von auswärtigen Berufsgenossen, dass die Pfingstmesse schliesslich bereits 1494 wieder abgeschafft wurde.

Die Herbstmesse hingegen fand seit 1471 fast jedes Jahr statt. In den Jahren 1721 und 1722 fiel sie wegen der Pest aus, 1831 musste sie wegen einer Cholera-Epidemie abgesagt werden. 1918 fand sie wegen der spanischen Grippe nicht statt, und im Jahr 2020 konnte die Basler Herbstmesse wegen der Covid-19 Pandemie nicht stattfinden.

Ausläuten der Messe durch den Messeglöckner am 7. November 1964

Der Münsterplatz:
Prozessionen, Turniere, Märkte und Messen

Der Basler Münsterhügel hat eine lange Geschichte: zuerst wurde er um 80 v. Chr. durch die Kelten besiedelt, dann übernahmen ihn die Römer und erstellten um etwa 30 n. Chr. eine dörfliche Siedlung, die später zu einem bedeutenden Handelspunkt wurde: Hier verlief die Überlandstrasse zwischen der grossen Siedlung Augusta Raurica und dem Hafen bei der Birsigmündung am Rhein. Zwischen 805 und 823 entstand unter der Leitung des Basler Bischofs Haito erstmals eine Kathedrale am Standort des heutigen Münsters; sie wurde 917 beim Einfall der ungarischen Reiterheere vermutlich stark beschädigt. 1019 liess Bischof Adalbero II. einen frühromanischen Neubau errichten, wobei gewisse Mauern des Vorbaus übernommen wurden. Bereits um 1200 wurde wieder eine neue Kirche gebaut, die beim Erdbeben von 1356 stark beschädigt und durch einen gotischen Bau ergänzt wurde. Um 1500 erhielt dann das Münster nahezu seine heutige Grösse und Form.

Auch der Platz vor der grössten Basler Kirche war natürlich von Bedeutung. Hier versammelten sich die Mitarbeiter des Bischofs – das Domkapitel – um Wahlen durchzuführen. Unter der grossen Gerichtslinde, um deren Stamm eine Steinbank lief, tagte das bischöfliche Gericht und fällte seine Urteile. Viele Gefolgsleute des Bischofs wohnten in den prächtigen Bauten rund um den Münsterplatz. Dort lebten auch die reichen Baslerinnen und Basler, die sich vor und nach der Messe auf dem Münsterplatz trafen, um über Politik, Wirtschaft und Gesellschaft zu diskutieren.

> **Viele Gefolgsleute des Bischofs wohnten in den prächtigen Bauten rund um den Münsterplatz. Dort lebten auch die reichen Baslerinnen und Basler.**

Der Aufruhr auf dem Münsterplatz vom 26. Februar 1376 («Böse Fasnacht»)

Am 26. Februar 1376 vergnügten sich ein paar Ritter des Habsburger Herzogs Leopold III. mit einem Turnier auf dem Münsterplatz und demonstrierten ihre Waffen, während der Herzog selbst und andere Mitglieder seines Hofs bei den reichen Baslern in den Häusern um den Münsterplatz bewirtet wurden. Da gab es plötzlich Streit: Es waren einige Speere in die Zuschauer gefallen und Pferde in die Leute hinein geritten. Die Zuschauer, zumeist Handwerker, wurden zornig und riefen nach den Waffen. Obwohl der Oberstzunftmeister auf den Brunnentrog stieg und um Mässigung bat, stürmte das Volk in die Häuser und erschlug einige Edelleute und Knechte; rund fünfzig Grafen, Domherren, Ritter und Dienstleute wurden kurzfristig gefangen genommen. Die Regierung verurteilte diese Tat sofort, erklärte «fremdes Volk und böse Buben» verantwortlich und liess zwölf angebliche Anführer enthaupten. Dennoch wurde die Stadt auf Drängen Leopolds hart bestraft und geriet in Abhängigkeit der Habsburger. Dies endete erst mit dem Tod Leopolds III. in der Schlacht bei Sempach von 1386.

1863 standen auf dem Münsterplatz und in den benachbarten Strassen 466 Buden und Stände.

Nun konnte also auf dem Münsterplatz auch die erste grosse Basler Messe stattfinden. Die Waren wurden nicht nur auf dem Platz selbst angeboten, sondern auch im städtischen Kaufhaus (heute Hauptpost), im Haus ‹zur Mücke› am Schlüsselberg und in verschiedenen Zunfthäusern. Selbst im Hof des Rathauses standen die ‹Meßhäuslinen›. Angeboten wurden in Inseraten unter anderem: Wiener Meerschaumwaren, Waschschwämme, Herren- und Frauenzimmerstoffe aller Art, indische und Lyoner Foulards, Portemonnaies, Wachstücher, Bett- und Pferdedecken, Schirme, verschiedene Käse und Würste. Die Schwarzwälder Holzschnitzer boten Kuckucksuhren, Schaukelpferde und Leiterwägelchen an. 1869 präsentierte ein Händer *«200 000 Gesangsflöten, 100 000 Nachtigallenpeifen und eine Million amerikanische Nadeleinfädelmaschinen»*.

Eine Zeitlang wurde die Messe auf den heutigen Marktplatz verlegt, kam dann aber 1821 wieder auf den Münsterplatz. Doch 1876 beschwerten sich die Lehrer der Schulen auf dem Münsterhügel, der Lärm störe ihren Unterricht. So kam die Messe 1877 auf den Petersplatz und kehrte erst 1982 wieder auf den Münsterplatz zurück.

Früher gab es viele unterschiedliche Marktplätze in Basel: Auf dem heutigen Marktplatz vor dem Rathaus, dem Kornmarkt, handelte man mit Getreide, Wein, Holz, Mus, Heu und Stroh. Eine Verordnung von 1420 bestimmte, dass Obst, Gemüse, Eier, Butter, Hühner und Gänse ausschliesslich auf dem Münsterplatz zu verkaufen seien. Der Barfüsserplatz diente zuerst als Marktplatz für Holz und Holzkohle, später für Schweine – in Chroniken wird erwähnt, dass es dort *«etwas widerwärthig schmeckth»*. Auf dem Fischmarkt durften nur lebende Fische verkauft werden, die man in Käfigen im Brunnenbecken frisch hielt. Im ‹Mueshaus› an der Spalenvorstadt wurden Gemüse, Erbsen, Linsen, Hirse, Gerste, Senf, Weiss- und Hafermehl angeboten.

Oben: 1982 fand erstmals seit 1876 wieder ein Teil der Messe auf dem Münsterplatz statt.
Unten: Blick aus dem Münsterturm, 2010

Oben: *Nächtliche Stimmung, 2010*
Unten: *Kettenkarussell, 2014*
Rechte Seite: *Riesenrad, 2014*

Der Barfüsserplatz:
Friedhof, Schweinemarkt, Stadtzentrum

Der Barfüsserplatz erhielt seinen Namen vom Kloster der Barfüsser Mönche; sie trugen innerhalb des Klosters gar keine Schuhe oder nur einfache Sandalen. Wie fast alle Klöster verfügte auch das Barfüsser-Kloster über zwei Friedhöfe; einen innerhalb der Klostermauern für die Mönche und den ‹Laienfriedhof› ausserhalb des Klosters für Menschen, die beispielsweise den Mönchen Geld gespendet oder sich sonstwie verdient gemacht hatten. Der Laienfriedhof des Barfüsserklosters muss sich vor der Kirche befunden haben, denn der damals noch offen fliessende Birsig schwemmte bei Hochwasser immer wieder die Gräber fort. Vermutlich führte das Birsig-Hochwasser von 1529 dazu, dass der Birsig auf der ganzen Länge des Platzes überdeckt und der ehemalige Kirchhof mit Garten zu einem Platz umgestaltet wurde. Zu dieser Zeit fand hier auch der Verkauf von Holz und Holzkohle statt, und in einem Ratsbuch von 1758 ist festgehalten, dass der Platz mittlerweile auch als Messeplatz diente.

Der Barfüsserplatz war damals noch nicht so gross wie heute, denn die Klostergebäude folgten der Stadtmauer, die mit einer spitzen Ecke weit in den Platz hinein ragte. Beides wurde erst 1820 abgebrochen, als das Stadtcasino erbaut wurde. Damit öffnete sich der Platz gegen die Steinenvorstadt hin und erhielt seine heutige Grösse. Schon seit dem Mittelalter wies der Barfüsserplatz Bäume auf, denn dort wurden der Wein- und der ‹Anke›-Markt abgehalten, die beide auf Schatten angewiesen waren. Bis 1851 wurden dort auch Schweine verkauft (siehe Seite 34).

1843 veränderte sich der Platz nochmals durch den Bau eines pompösen Kaufhau-

Links: Ballon- und Kartenverkäufer am Barfüsserplatz, 1908
Rechts: Der Barfi mit seinen drei Karussells; auf dem grossen kostete eine Fahrt für Erwachsene 10 Cts, für Kinder 5 Rappen. Die Trams fahren zum Badischen Bahnhof und nach St. Ludwig (Saint-Louis), Bild vor 1925

ses, das jedoch den Bedürfnissen der Basler nicht entsprach und nach kurzer Zeit dem Musiksaal weichen musste. Der Barfüsserplatz wurde 1936 abgesenkt und die Stützmauer («Klagemauer») errichtet, welche in den 1980-er Jahren dann wieder abgetragen wurde und zum heutigen Aussehen des Platzes führte.

Von 1862 an fanden hier auch die vierteljährlichen Fronfastenmärkte (siehe S. 18) statt; allerdings war der Barfüsserplatz «*ausschliesslich bestimmt für Schaubuden, Caroussel, Schiesshütten, Zucker- und Waffelbäckereien*». Dies scheint auch nach dem Ersten Weltkrieg noch der Fall gewesen zu sein, wie das untenstehende Bild belegt. Die Karussells wurden zuerst noch von Hand oder mit Pferden angetrieben, doch bereits 1888 ist eines belegt, das mit Dampfkraft fuhr. Schon 1879 stand auf dem Barfi die erste ‹Velozipedbude›, wo 20 zusammengekoppelte Velos im Schienenkreis herumflitzten, und 1908 tauchte das erste Autokarussell auf, das die Kinder mehr anzog als die ‹langweiligen alten› Pferdchen. Der 1936 entstandene Parkplatz führte dazu, dass die Messe

Oben: Das Kettenkarussell mit den Flugzeugen war eine ganz besondere Attraktion; wann hatte man schon Gelegenheit, den Barfüsserplatz von oben zu sehen? (Aufnahme vermutlich 1930er Jahre)
Rechte Seite: Die beiden Karussells auf dem Barfi, vermutlich in den 1930er Jahren. Im Hintergrund die Falknerstrasse mit dem heutigen Restaurant ‹Zum Alten Stöckli›.

nicht mehr auf dem Barfi durchgeführt wurde. Doch 1944, nach dem Zweiten Weltkrieg, wurde er wieder freigegeben. Berichten zufolge war der Ansturm auf die ‹Botschauteli› so gross, dass die Polizei eingreifen musste. Da während des Krieges die Privatautos stillgelegt worden waren, fuhren auch gestandene Männer ein halbes Dutzend Mal hintereinander, um die Sehnsucht nach ihrem Vehikel auszuleben.

Auch 1953 war der Barfi als Messestandort erneut gefährdet; die Basler Verkehrsfachleute hielten es für untragbar, dem Autoverkehr eine Herbstmesse mitten in der Stadt zuzumuten. Doch beim Polizeidepartement befand man, dass ein Teil der Messe unbedingt in die Stadt gehöre und dass eine vierzehntägige ‹Behinderung› des Verkehrs tragbar sei.

Zirkus, Theater, Menagerien und Liebesorakel

Der Reiz der alten Herbstmesse auf dem Barfüsserplatz lag in der Vielfalt der verschiedenen Vergnügungsbetriebe. Was sie boten war während zwei Wochen das Tagesgespräch – wer sie nicht besucht hatte, konnte nicht mitreden.

Da war beispielsweise der Zirkus: Artisten spannten vom Casino zum Hotel Schiff auf der gegenüberliegenden Seite ihr Seil und tänzelten über den Köpfen der Menge. 1864 zeigte der ‹Circus Renz› eine englische Hirschjagd, bei der «einige 40 Pferde» zwei richtige Hirsche verfolgten. Es gab den «kleinsten Hund der Welt, der so leise bellte, dass drei Männer hinhören» mussten. Der Bär ‹Caviar› tanzte auf einem gesattelten Pferd, sprang auf ihm durch Reifen und rang zum Schluss mit dem Stallmeister.

In kleinen Theatern traten Affen, Katzen, Hunde oder Papageien auf. Kleine Hunde in Kostümen tanzten Walzer; einer von ihnen spielte auf dem Hundeklavier. Im ‹Theater der gelehrten Hunde› verstand es ein Pudel, Geld zu zählen, zu rechnen, Fotos zu erkennen und mit einem Herrn aus dem Publikum Karten zu spielen.

Die Menagerien präsentierten Löwen, Seelöwen, Riesenschlangen und Krokodile. Auch Menschen wurden gezeigt: ‹Kamerun-Neger› tanzten und schluckten Feuer, es kamen ‹lappländische Polarmenschen›, Nubier und Patagonier. Zahlreich waren auch die Kameltreiber, meist Marokkaner, die vor der Messe schon versuchten, Geld einzusammeln. Bereits vor 1880 verbot man ihnen, «alle Strassen abzuklopfen». Auf dem Barfi durften die Kinder für zehn Rappen auf ein Kamel sitzen und einmal um den Platz reiten.

Bei den Damen besonders beliebt war das Flohtheater, das oft über 300 ‹Artisten› mitführte. Um etwas zu sehen, musste das Publikum nahe zusammenrücken, und der Schausteller bat die Damen, ihre grossen Hüte abzunehmen. Die grösste Rolle spielte jeweils die Präsentation: Der Schausteller rief die ‹Athleten im schimmernden Kostüm› beim Namen und liess sie über einen weissen Karton springen. Die Flöhe fuhren in einer Kutsche, zogen eine Lokomotive und einer trieb ein Karussell an, auf dem vier Artgenossen sassen. Sie tanzten auf dem Seil, zwei Flohhelden duellierten sich mit Säbeln, d.h. dünnen Drähtchen. Auch wenn viele Leute den Flohzirkus für unästhetisch oder einen Schwindel hielten, gehörte er bis 1925 zur Herbstmesse.

> **Flöhe fuhren in einer Kutsche, zogen eine Lokomotive und einer trieb ein Karussell an, auf dem vier Artgenossen sassen.**

In den kleinen Hütten auf der unteren Hälfte des Platzes verkaufte ein Doktor Medikus seine Pillen, ein ‹Electriseur› befreite von Zahnschmerzen, Husten, dickem Blut und Rheumatismus. Manchmal gab es sogar ein Cabaret für die Herren, wo eine Tänzerin in kurzem Gewand auftrat. – Die Polizei sorgte allerdings dafür, dass nur «anständige Geheimnisse enthüllt» wurden.

Rechts oben: der Barfüsserplatz um 1944 – während des Zweiten Weltkriegs fand nur ein eingeschränkter Messebetrieb statt.
Rechts unten: Trotz des Regens herrschte am 25. Oktober 1952, als die Messe eingeläutet wurde, auf dem Barfi ein Riesen-Gedränge.

Oben: Motorradrennen auf dem Barfi am 23. Oktober 1965
Rechte Seite: Nächtliche Höhenflüge auf dem Barfi am 8. November 2014

Der Petersplatz:
Garten, Promenade, Schiessplatz

Erstmals schriftlich erwähnt wurde der Petersplatz im Jahr 1233 als ‹Garten zu St. Peter›; die Vorgesetzten der Kirchgemeinde St. Peter legten ihn als Baumgarten ausserhalb der damaligen Stadtmauer an und nutzten ihn für Spaziergänge und als Ort der Ruhe. 1277 wird beschrieben, dass die Äste der dort wachsenden Linden, Eichen und Ulmen in die Breite gezogen wurden, damit sie im Sommer schön Schatten spendeten. Der Garten grenzte im Süden an den Friedhof der jüdischen Gemeinde. Nach dem Erdbeben von 1356 diente der Petersplatz eine Zeit lang als Marktplatz und wurde somit sehr früh zu einem öffentlichen Stadt-Platz. Im Vorfeld des schrecklichen Judenmordes vom Januar 1349 wurde um Weihnachten 1348 der jüdische Friedhof komplett verwüstet; die Grabsteine wurden zum Bau der neuen Stadtmauer verwendet. An Stelle des Friedhofs wurde 1438 das Zeughaus errichtet, 1937 kam an diese Stelle das Kollegiengebäude der Universität zu stehen. An der Westseite des Petersplatzes erbauten die Armbrustschützen 1441 ihr Schützenhaus, das heute noch zu sehen ist. Um das Stachelschützenhaus herum fanden nicht nur militärische Übungen und Waffeninspektionen statt, sondern auch Spiele und Wettkämpfe, zu denen die Bevölkerung gerne und häufig zusammenkam. Man übte sich im Steinstossen und im Ringkampf, führte Wettläufe und Ballspiele durch – es herrschte ein so reges Treiben, dass die Regierung bat, es solle auf dem ‹Lustplatz› von St. Peter weniger Sport getrieben werden, da er eher wie eine Laufbahn aussehe und nicht wie ein Ort für ruhige Spaziergänge. 1778 und 1779 wurde der Petersplatz neu angelegt und erhielt in etwa sein heutiges Aussehen.

Als 1877 die Messe vom Münsterplatz auf den Petersplatz verlegt wurde, waren die Aussteller gar nicht zufrieden. Die ersten Jahre erzielten sie äusserst schlechte Erträge, da es so lange und so stark regnete, dass der Boden sumpfig wurdeund kaum mehr begehbar war. Die Geschirrverkäuferinnen schütteten das Stroh auf, das ihnen als Verpackung ihrer Waren gedient hatte, und alle jammerten, dass sie kaum das Geld für die Standmiete verdienen konnten. Der lokale Dichter Philipp Hindermann beklagte das Elend: «O je! Der grossi Petersplatz; macht fremdi Kauflyt nimme watz. Mit ihrer Waar uf Basel z ko; vor Langerwyl do fascht z vergo! Me findet in däm grosse Ruum, die Firme und die Mässständ kuum. Und hämmer uspaggt uf der Tisch, s Hauptsächlichst, was do z kaufen isch. So kunnt e Sturmwind us em Weste, und waiht ys s Laub vo allen Äschte. Uf unsri schönsti War im Stand, dä wünsche mir ins Pfäfferland. Drum stehnd so vyly Ständ jetz leer, as wenn kai Mäss in Basel wär. Nei, nei, dä Platz mit syne Bäum, verlaidet in der Mässzyt aim.»

Rechts oben: der Häfelimärt am Petersgraben um 1928. Im Hintergrund ist das alte Zeughaus aus dem 15. Jahrhundert zu sehen; heute befindet sich dort das Kollegiengebäude der Universität.
Rechts unten: Zubermarkt am Spalengraben, 1935. Die Zuber waren Gefässe mit zwei Traggriffen aus Holz, die man zum Transport von Wasser oder anderen Flüssigkeiten brauchte. Die bekanntesten waren der Wäschezuber oder der Badezuber.

Der Basler Journalist Fritz Amstein beschrieb um 1910 das Angebot auf dem Petersplatz: *«Braust auf der Schaubudenmesse des Barfüsserplatzes der Lärm einer Grossstadt, so ist die Verkaufsmesse auf dem Petersplatz einem Blümchen vergleichbar, das beinahe im Verborgenen blüht. Auf jenem friedlichen Platze flaut der Spektakel erheblich ab und die milden Filzschuhe, die daselbst zu haben sind, drücken ihre Signatur dem ganzen Verkehre auf. Und doch ist daselbst noch viel mehr Stimmung als in der Nähe der Weltsehenswürdigkeiten; man lausche nur den Gesprächen der Landleute, die sich dort einfinden, und der Händler, die ihre herrlichen Verkaufsgegenstände empfehlen.*

Sie tauchen alle wieder auf, die prachtvollen Dinge, die schon vor fünfzig Jahren das Entzücken aller Messebesucher bildeten: die Putzseife, mit der man Messing in Gold verwandeln kann; der unvergleichliche Kitt zum Leimen gespaltener Lampengläser und sogar gesprungener Herzen; die Fleckenreinigungspomade, mit der man sogar dem etwas fleckig gewordenen Ehrenschild neuen Glanz verleihen kann. Dann die unvergleichlichen Glaserdiamanten, die nachweislich aus der Krone des Königs Gambrinus stammen und nur zwanzig Rappen kosten, ferner die goldene Herrenremontoir-Uhr, die vierundzwanzig Stunden zeigt, einen halben Franken kostet, aber schon am dritten Tage wegen Überanstrengung für ewige Zeiten stehen bleibt. Aber dank der unglaublichen Beredsamkeit des Verkäufers finden sich immer wieder Liebhaber in Menge ein und kaufen, was das Zeug hält.»

Doch trotz aller Klagen und dem Wunsch der Innerstadt-Geschäfte, die Messe wieder auf den Münster- oder den Marktplatz zu verlegen, gewöhnten sich die Besucher an das Angebot auf dem Petersplatz, und 1884 lief der Handel wieder so gut, dass alle Stände vermietet waren. Dies sollte auch in Zukunft so bleiben.

Der Häfelimärt fand zuerst am Petersgraben statt, wurde dann aber in die Bernoullistrasse verlegt, deren breite Trottoirs sich besser für die Stände eigneten. Noch bis in die 1980er Jahre ersetzte die Basler Hausfrau hier die Geschirrteile, die unter dem Jahr kaputt gegangen waren. Vor allem die getüpfelten Milchkrüge waren sehr gefragt, ebenso die blau-grauen Steinguttöpfe und die braunen ‹Pruntruter Platten›, die sich gut zum Kochen eigneten. Heute findet man am Häfelimärt viele Keramik-Designer und -Hersteller, welche ihre aussergewöhnlichen Produkte anbieten.

Oben: Der Häfelimärt in der Bernoullistrasse, 1939
Rechts: Impressionen von der Messe auf dem Petersplatz aus dem Jahr 1939 (Mädchen, Karussell, Wäsche), 1961 (Resten), 1966 (Würstli) und 1967 (Verkehrsverein)

Messevergnügen am Eröffnungstag der Messe auf dem Petersplatz: 28. Oktober 1969

Der Petersplatz ist der Messestandort mit den kleinen ‹Messhüslin› geblieben, auch wenn heute die Ware qualitativ um einiges besser ist wie vor fünfzig Jahren. Sowohl das Waren- wie auch das Lebensmittelangebot ist breiter geworden – wer hätte wohl 1960 ein ‹Curry-Plätzli› gegessen oder eine Duftlampe gekauft? Geblieben sind das nostalgische doppelstöckige Karussell in der Platzmitte, das Käsperlitheater, irides (früher Blindenheim) mit den ‹Birschte, Keerb und Zaine›, der Stand mit dem Gemüsehobel und ein paar andere Klassiker.

Oben: Der Rosenkiechli-Stand von Wacker&Schwob auf dem Petersplatz, 1983
Unten: Der Wurst-Stand von Michel auf dem Petersplatz, 1998
Rechts: Martha Pfannenschmid, ‹Petersplatz›, 1948

Petersplatz 2014

Die Rosental-Anlage:
Friedhof, Eisbahn, Zirkus-Platz

Nachdem im mittelalterlichen Kleinbasel der Kirchhof St. Theodor für die Bestattungen zu klein geworden war, bestimmte man schliesslich das Gebiet ‹im Rosental› vor dem Riehentor zum neuen Friedhof. Am 11. Mai 1833 wurden der Friedhof und die Kapelle von Architekt Melchior Berri eingeweiht. Doch auch diese Fläche war rasch zu klein: die Bodenverhältnisse waren nicht ideal; dazu kam 1855 und 1865/66 die Asiatische Grippe, die über 650 Kleinbaslern das Leben kostete. So wurden 1890 der Horburg-Gottesacker (mit Krematorium) eröffnet und im gleichen Jahr der Rosental-Friedhof geschlossen. Im Sommer 1914 wurde das ganze Friedhofareal endgültig geräumt; erhalten blieben die Kapelle, eine kleine Parkanlage und der grosse gekieste Platz. (Im Verlauf der folgenden Jahre kamen immer wieder Gebeine zum Vorschein, beispielsweise beim Bau der Wohnhäuser Rosentalstrasse 9 bis 13 oder bei den Parkhäusern der Messe.)

Der nun frei gewordene Platz eignete sich gut für verschiedene Aktivitäten: schon bald schlug der Nationalzirkus Knie seine Zelte hier auf, die Mustermesse nutzte den Platz für ihre Camping-Ausstellung, und in den 1960er Jahren wurde der gekieste Platz zur Eisbahn für die Kleinbasler Jugend – das Basler Baudepartement wässerte die Fläche mehrmals mit einem grossen Schlauch. Es brauchte einige Anläufe, bis die Herbstmesse endlich auf die Rosental-Anlage kam: 1913 fand die erste Messe im Kleinbasel statt, auf dem Areal des alten Badischen Bahnhofs am Riehenring. 1926 zog sie vor das damals neue Muba-Gebäude, 1927 kamen erstmals Attraktionen in eine Halle, ab 1946 wurden sie auf der Claramatte aufgestellt, dann endlich wurden die Rosental-Anlage, die Kongress- und die Rundhofhalle zum definitiven Standort der Kleinbasler Herbstmesse.

Nebst den Fahrgeschäften wie Kettenkarussell, Schleuderbahn, Tanzrad und Autoscooter gab es bis in die 1950er Jahre viele Schaubuden, diese verschwanden jedoch zugunsten von Geisterbahn und Himalaya. Die Himalaya, Nachfolgerin der ‹Berg- und Talbahn›, gab es auch als ‹Raupe›: Mitten in der Fahrt stülpte sich ein Stoffüberzug über die Wägelchen. Wieviele (Klein)-baslerinnen haben wohl dort ihren ersten Kuss erhalten? Sehr beliebt und eindrücklich war auch die grosse ‹Achtibahn›, die einen hoch über die Messehallen führte und dann in einem rasanten Sturz wieder bis fast auf den Boden.

In den Hallen wurde die Herbstwarenmesse abgehalten, wo man – ähnlich wie an der Muba – verschiedene Waren kaufen und Weine degustieren konnte. Nach 91 Ausgaben kam allerdings 2017 das Aus; die Herbstwarenmesse wurde eingestellt.

Nach wie vor ist die Rosental-Anlage ein äusserst beliebter Messe-Standort – die Friedhofskapelle und die Toten unter dem Platz mit den Fahrgeschäften stören niemanden.

Rechte Seite: Eindrücke von der Herbstmesse auf der Rosental-Anlage von 1939: das Kinderkarussell mit den begehrten Autos und Motorrädern, die ‹Berg- und Talbahn› (später Himalaya), das Kettenkarussell und das kleine Riesenrad. 1963 musste man sich auf der ‹Achtibahn› noch gut festhalten; es gab weder Sicherheitsgurte noch Schulterbügel…

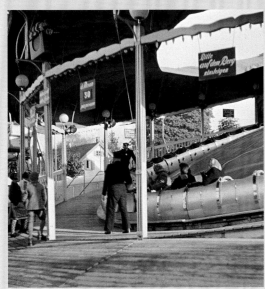

Zauber-Theääterli

Vorusse glaubsch de Wundermäärli,
wo ain mit luter Stimm verzellt.
«Wältsensatioone» het dä Käärli,
so brielt er, uff sy Bihni gstellt.
Bisch dinne uff em haarte Bänggli
und zieht s der dur die fyychte Schueh,
so dänggsch, de kenntsch mit dyne Fränggli
am Änd au eppis Gscheiters due.

Au wenn si zeerscht e Frau versääge,
isch s no kai Grund fir d Wänd uff z goh.
Als Kenner saisch der: myynetwääge,
sie muess das sicher iberstoh
das Spiil mit Mässer, Bluff und Mystik.
Und scho – au wenn mer s nit verstehn –
isch d Mamme zrugg, intaggt und rischtig
und lacht mit ihre faltsche Zehn.

S goht wyter mit Gidangge-Lääse.
Wenn bisch giboore, woo und wie?
D Miss Fatima, en alte Bääse
het mit däm Metier ehnter Mieh.

Si kunnt au aaben und laufft umme
mit Horoskoop, wo nyt dra stimmt,
und hofft vergääben uff e Dumme
won ihre Kaabis glaubt und nimmt.

Als Magier kunnt e Pseudo-Inder,
e Durbaan iberm Schwoobegsicht
und macht mit Wasser und Zylinder
e zimlig nassi Zaubergschicht.
Druff aabe speit er Fyyr an d Bihni,
das bringt aim au nit us der Rueh.
Zum Schluss, e Mogge Ruess am Kiini,
zieht er gottloob der Vorhang zue.

Ach Blasius, worum so grytisch?
Syg ehrlig mit der, liebe Maa!
I waiss doch, s näggscht Johr, wenn s so wyt isch,
wo me di sicher finde kaa.
De sitzisch uff em haarte Bänggli,
luegsch der dä Buudezauber aa
und waisch, de kaasch fir dyni Fränggli
kai greesser Mässvergniege haa.

Blasius

1929 präsentierte der Schaubuden-Besitzer seine Attraktionen, und die Zuschauer standen an, um sich «die schwerste humoristische Vortragskünstlerin mit einem Gewicht von 463 Pfund» anzusehen oder sich gratis «die Karten deuten» zu lassen.

Beim Aufbau der Achterbahn im Jahr 1967 war die SUVA wohl noch nicht so präsent. Dafür drückten sich im benachbarten Primarschulhaus Rosental die Schülerinnen und Schüler ihre Nasen an den Fensterscheiben platt, sodass kaum mehr ein geregelter Unterricht stattfinden konnte…

Oben: Im Jahr 1970 befuhr man die Achterbahn in kleinen Vierpersonen-Wagen, die effektiv noch auf Rädern fuhren. Gut festhalten!
Unten: Am 26. Oktober 1974 wollte jeder von einer Gratisfahrt profitieren – selbst wenn man sich dazu vordrängeln musste.

Rosental-Anlage 2019

Der Messeplatz:
Bahnhofsplatz, Begegnungsort, Durchblick

Von 1855 bis 1913 befand sich am Riehenring der erste Badische Bahnhof, bis er an seinem heutigen Standort erbaut wurde. Dadurch wurde die Fläche zwischen Riehenring, Clarastrasse und Rosentalanlage frei und konnte durch die ‹Mustermesse› genutzt werden.1926 wurde der so genannte ‹Kopfbau› der damaligen Mustermesse eröffnet; im gleichen Jahr fand auch die Herbstmesse auf dem nun neu gestalteten Messeplatz statt. Die 1954 eröffnete Rundhofhalle mit der markanten Uhr wurde zum Standort der Herbstwarenmesse.

Während über 50 Jahren war der Messeplatz Treffpunkt der Quartierbevölkerung; im Kopfbau gab es eine Post; ein Riesenschach und viele Bänke luden zum Verweilen ein, und die jährlich stattfindende Mustermesse lockte zahlreiche Besucher an diesen Ort.

Mit dem Neubau der Halle 1 (despektierlich ‹Röstiraffel genannt), wurde diese Begegnungszone aufgehoben. Das ‹Auge zum Himmel› blickt auf einen Ort, der nur während der immer spärlicher werdenden Messen begrünt und belebt wird; der versprochene neue Treffpunkt für die hier lebenden Menschen wurde nie realisiert. Immerhin konnten diese während der Herbstmesse 2018 auf dem Freefall-Tower durch das ‹Auge› fallen (siehe Seite 69). Auf dem neuen Messeplatz hat sich seit 2013 die schon vorher bestehende, so genannte ‹Fressmeile› noch mehr ausgebreitet.

Vor der Rundhofhalle gab es seit 1954 einige Attraktionen. So beispielsweise den grossen mechanischen Musikautomaten (‹Strassenorgel›) aus dem Jahr 1925, den man mit einem Geldstück zum Musizieren bringen konnte. Staunend verfolgten die Kinder den Dirigenten, der dem versteckten Orchester den Takt angab, die wirbelnden Trommler und die Mädchen, die eine Glocke anschlugen. Ebenfalls ein Klassiker war die ‹Calypso›, das Fahrgeschäft mit den farbigen Wägelchen, die sich im Kreuz um eine Achse drehen. Sie wurde 1958 von der Firma Mack gebaut und war bis 1989 im Einsatz, dann drohte ihr die Verschrottung. Dank des Einsatzes eines Schaustellers wurde sie renoviert und ist seit 1991 wieder im Einsatz – und noch immer eine der beliebtesten Bahnen auf dem Messeplatz.

Die ‹Mässorgele› an der Herbstmesse 1972. Die Grossorgel mit 90 Tonstufen wurde um 1925 von Carl Frei und Sohn in Waldkirch im Breisgau (D) gebaut.

Dieser Verkaufsstand von 1939 zeigt die ganze Herrlichkeit, die ein Kind sich zu dieser Zeit wünschen konnte: Windräder, Tirolerhüte mit einer Feder, Puppen in allen Formen und Grössen, Hampelmänner, Fähnchen, Gewehre und Pistolen, Flugzeuge, Armbanduhren, Kuhhörner, Flöten und Tröten, Teppichklopfer (wohl eher für die Mutter oder zur Abschreckung?), Herzchen zum Anstecken… Links auf dem Boden Katzen und Elefanten für die Dekoration.

Nicht auf dem Bild sind die Luftballons, die gleich neben dem Stand an einem dicken Stab angebunden waren, der wiederum mit einem grossen Stein oder einem Zementblock verbunden war. Damals gab es nur ovale Ballons; die Hasenformen kamen erst nach dem Zweiten Weltkrieg in Mode. Die heute verkauften Folienballons gibt es seit den 1980er Jahren.

Oben links: Unter Mutters Anleitung kann 1960 erstmals Auto gefahren werden.
Oben rechts: Warten auf die erste Fahrt am 26.10.1967. Ein Polizist sorgt für Ordnung
Unten: Die klassische ‹Calypso› an der Herbstmesse 2014
Rechts: Freieall-Tower im ‹Auge› des Messegebäudes an der Herbstmesse 2018. Seit 2015 ist er die höchste Attraktion in Basel; man fällt aus über 80 Metern Höhe ins Bodenlose.

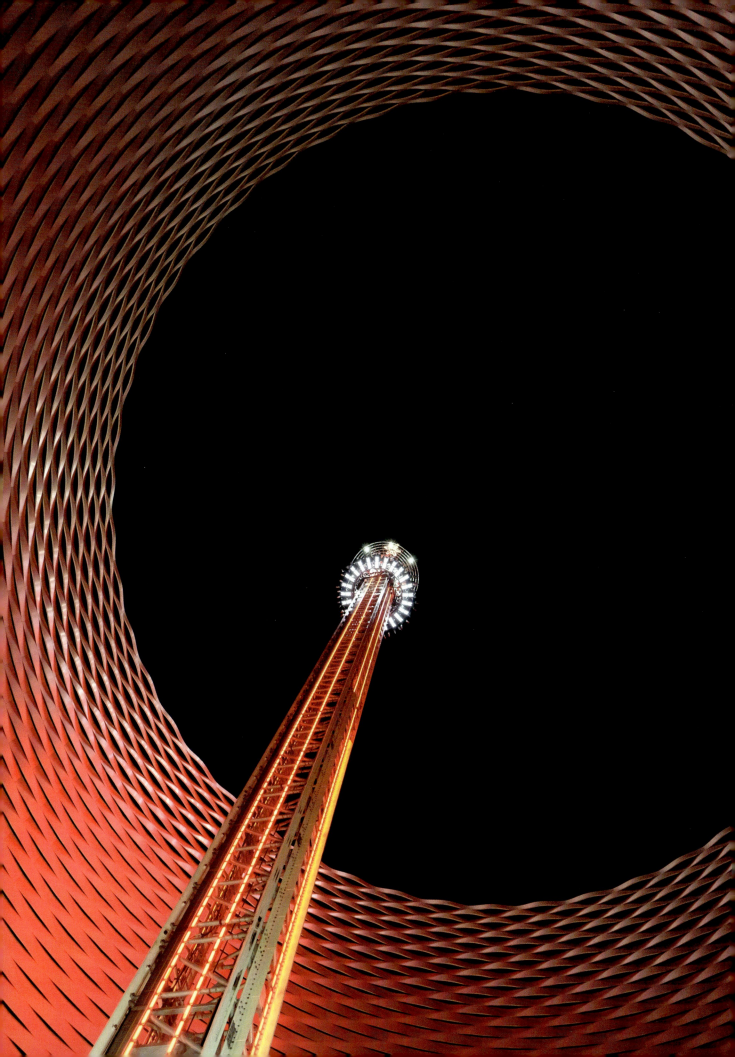

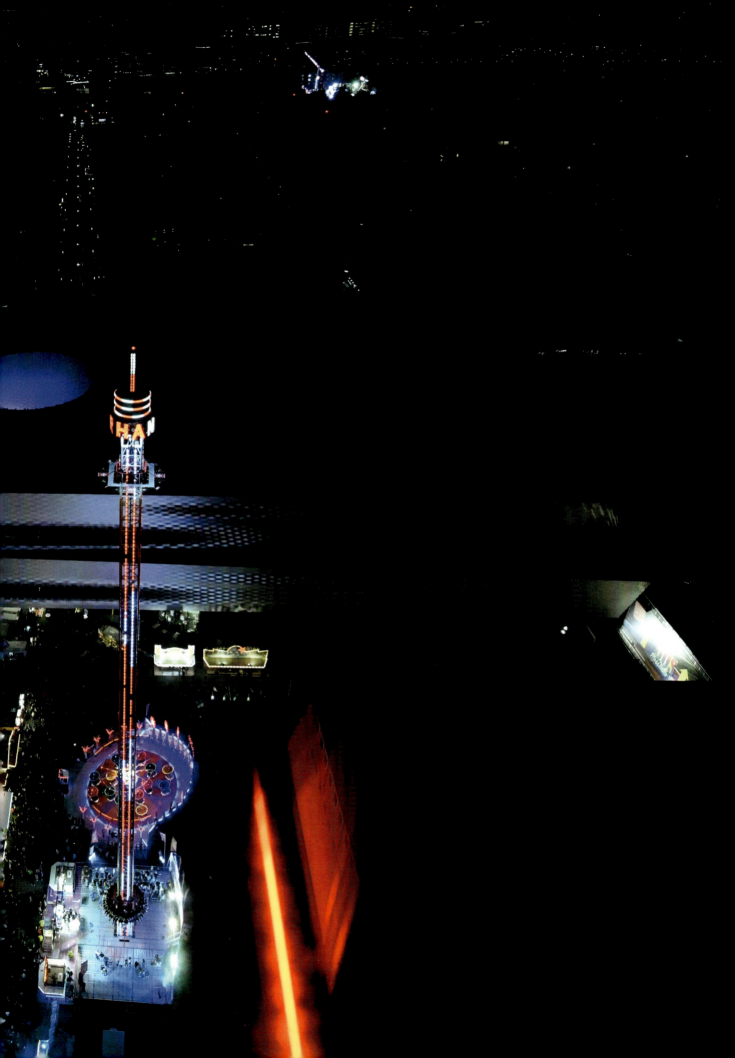

Die Hallen-Messen:
Schifflibach, Spiegelsalon, 80er Nostalgie

Schon früh fand die Kleinbasler Herbstmesse auch in Hallen statt. Ursprünglich handelte es sich um die so genannte Baslerhalle, wo sich heute das Congress-Center befindet, später wich man auf die Hallen am Riehenring aus. In der Baslerhalle, wo auch die Spiele der Handballclubs RTV und ATV stattfanden, gab es viele Schiess- und Wurfbuden, aber auch Fahrgeschäfte wie das Tanzrad, eine zweistöckige Geisterbahn (bei der man beinahe aus dem Wagen geworfen wurde, wenn er um die Kurve und in die Höhe ruckelte) und der Spiegelsalon. In letzterem dürfte sich manch einer die Nase angeschlagen haben – es ging darum, in einem Labyrinth aus verglasten und verspiegelten Wänden den Ausgang zu finden. Den Kindern erzählte man gerne, man habe gewisse Besucher erst beim Abbau der Bahn wieder gefunden… Eine der beliebtesten Bahnen in der Halle war die so genannte Schifflibach, eine Art Himalaya, die ganz aus Holz bestand. Die Sitze waren zwar viel härter als auf den anderen Bahnen, doch wem es gelang, einen Ball in den Korb in der Mitte zu werfen, erhielt eine Gratisfahrt. Zudem ratterte die Bahn so schön, wenn sie in voller Fahrt herum‹bretterte›. In der Baslerhalle war es ziemlich laut, was viele Zuschauer jedoch nicht davon abhielt, sich auf die bereit gestellten Bänke zu setzen und den jungen Männern auf dem Tanzrad zuzusehen, wie sie sich aufplusterten und häufiger als gewollt auf dem Hosenboden landeten.

> In der Baslerhalle war es ziemlich laut, was viele Zuschauer jedoch nicht davon abhielt, sich auf die bereit gestellten Bänke zu setzen und den jungen Männern auf dem Tanzrad zuzusehen, wie sie sich aufplusterten und häufiger als gewollt auf dem Hosenboden landeten.

Man konnte sich auch im Broadway-Theater verzaubern lassen oder – ausserhalb der Halle auf dem heutigen ‹Hundemätteli› – auf der grössten Botschauto-Bahn bei angesagter Musik seine Runden drehen.

Nach dem Abbruch der Baslerhalle wurde die Hallenmesse auf die Hallen hinter dem Kopfbau verschoben – bis Mitte der 1990er Jahre konnte die Herbstmesse immer mindestens zwei Hallen belegen. Seit Ende der 1980-er Jahre lagen jedoch die ‹Mustermesse› (heute mch) und die Organisatoren der Herbstmesse in Konkurrenz zueinander. So beispielsweise 1987, als die Mustermesse während der Herbstmessezeit auch die Igeho87, die IgehoTech und den ‹Zweiten Salon Culinaire Mondial› durchführte. Über 40 000 Bürger unterzeichneten die Petition ‹Rettet die Basler Herbstmesse› und forderten ein Gastrecht in den Mubahallen. Bereits knappe zehn Jahre später wurde die Halle 107 zum Musical-Theater umfunktioniert und fiel für die Herbstmesse als Veranstaltungsort weg, und 1998 stand der Messe erstmals gar keine Halle mehr zur Verfügung.

Seit 2013 lebt in Halle 3 der Glanz der 1980er Jahre wieder auf; die Schiessbuden sind auferstanden, und statt des Tanzrads lässt man sich von der ‹Tagada› herumschütteln.

Oben: 1951 fuhren die ‹Botschauteli› noch auf einer festgelegten Bahn im Kreis; auch die Zuschauer ausserhalb der Halle hatten ihr Vergnügen.
Unten: Auf der ‹Fliegerbahn Vampire› konnte man ab einer gewissen Höhe den Knüppel anziehen und stieg – unter lautem Gezische – noch höher. Aufnahme von 1956.

**Oben: Es war nicht ganz einfach, zu den Klängen des sich in der Mitte befindenden Orchesters auf der drehenden Tanzfläche einen flotten Rock 'n' Roll hinzulegen.
Unten: Die zukünftigen ‹Halbstarken› sehen fasziniert zu und genehmigen sich dabei ein kleines Zvieri (beide Aufnahmen von 1961)**

Oben: Wie wäre es mit einem Wüstensturm oder einem Formel-1 Rennen im ‹Simulator FX-2›, der sich 2015 in der Halle befand?
Unten: Während man sich in den 1970er Jahren noch stehend in der ‹Schwingi› herumwirbeln liess, schleudert der ‹Tagada› 2019 die Besucher*innen auf und ab und hin und her.

Oben: Auch im Jahr 2019 sind Wurfspiele noch immer sehr beliebt. Sei es, mit Dart-Pfeilen ein Herzchen zu treffen...
Unten: ... oder eine etwas andere Art, bei der Hühner in bereitstehende Pfannen katapultiert werden müssen.

Die Kaserne:
Kloster, Militärparaden, Kulturplatz

1274 gründeten zwölf Dominikanerinnen das Kloster Klingental im Kleinbasel, das später das grösste der zehn Basler Klöster werden sollte. Es wird berichtet, dass die Nonnen gegenüber den Mönchen des gleichen Ordens, denen sie unterstellt waren, ziemlich aufmüpfig waren. Sie sangen gerne und verfügten über ziemlich viel Vermögen, über das sie selbst bestimmen wollten. Im Zuge der Reformation wurde das Kloster aufgehoben; 1860 musste ein grosser Teil dem Neubau der Kaserne weichen – übrig blieben nur die Kirche und das ‹Kleine Klingental›.

Die Kaserne wurde von 1863 bis 1966 von der Schweizer Armee als Ausbildungsort genutzt; nach einer längeren Planungs- und Übergangsphase öffnete 1980 der ‹Kulturbetrieb Kaserne›. Das mehrfach sanierte Gebäude wird nun bis im Sommer 2021 grundlegend saniert und teilweise abgebrochen. Auf den über 3000 Quadratmetern sollen multifunktionale Büro- und Projekträume entstehen, ein Saal für Theater, Performances und Vorträge sowie ein vielfältiges gastronomisches Angebot.

Im Innenhof der Kaserne, dem früheren Exerzierplatz finden verschiedene Grossveranstaltungen statt wie das Basel Tattoo oder – seit 1988 – ein Teil der Basler Herbstmesse. Hier finden sich viele ‹wilde› Bahnen für ein eher jüngeres Publikum, nach dem Motto ‹immer schneller, immer höher, kopfunter, kopfüber›. Die Basler Herbstmesse bleibt in Bewegung.

Kaserne 2019

Kaserne 2019

Aadie Mäss!
Vo de Dächer dropft der Räge,
druurig luegt der Seibi dry,
s warte no die letschte Wäge…
D Mäss isch ummen und verby.

Grad no het s vo Mentsche gwimmlet
by der Uni vis-à-vis.
Scho het s Martinsgleggli bimmlet
und der Petersplatz schlooft y.

Bude stehn no umme, lääri,
Bletter falle vo de Baim,
und nit ohni Ärdeschwäri
laufsch der Platz duruus und haim.

Sugsch derby am letschte Mogge.
D Luft isch freschtelig und fycht.
Merggsch nit, wien uf waiche Sogge
hinder dir der Winter schlycht?

Goht au d Wält nit uus de Fuege,
dass s verby isch, duet der laid.
Aadie Mäss, uff Widerluege,
bring is s näggscht Johr wider Fraid!

Bring du uns in hundert Gstalte
Bude, Bahne, Zauber, Späss
fir die Jungen und die Alte,
fir der Bebbi und sy Mäss!

Blasius

‹Z Basel isch Mäss›

Plakate und Illustrationen
im Laufe der Jahrzehnte

Plakate:
Die Basler Schule machte Schule

In der Schweiz gab es bereits um 1900 die ersten Tourismus-Plakate, die vor allem von den SBB in Auftrag gegeben wurden. Das Plakat wurde zum bedeutendsten Werbemittel bis zur Verbreitung des Fernsehens um 1970.

Nach dem Zweiten Weltkrieg spielte die Schweiz eine prägende Rolle in der Geschichte der Grafik allgemein und des Plakats im Speziellen. Dabei setzten sich vor allem zwei Stilrichtungen durch: Die Zürcher Schule vertrat die Theorien der ‹Konkreten Kunst›, die Basler Schule stützte sich auf die Lehren der ‹Neuen Objektivität›. Bekannte Grafiker wie Niklaus Stoecklin, Donald Brun oder Herbert Leupin schufen in den Jahren 1920 bis 1950 herausragende Plakate, die durch ihre betont knapp gehaltenen Bild-Text-Botschaften Aufsehen erregten.

Von etwa 1950 bis 1970 kam der ‹Internationale Stil› auf, der auch ‹Schweizer Stil› genannt wurde. Schwerpunkt dieses Stils waren typografische Elemente, Linien und Rundungen, die in geordneten Strukturen eingesetzt wurden.

Die gesellschaftspolitischen Veränderungen nach 1968 führten dazu, dass die Konsumgesellschaft, deren Produkte und die Werbung dafür stark kritisiert wurden. In Basel sorgte Wolfgang Weingart, der neben Armin Hofmann an der Schule für Gestaltung lehrte, für eine Abkehr vom ‹Internationalen Stil›. Da der Einsatz von Computern die Arbeitsweise des Grafikers völlig veränderte, musste auch seine Arbeit neuen Methoden folgen. Weingart verstand die Tragweite dieser Entwicklung sehr rasch. Er gestaltete mit viel Spontaneität, Dynamik und Humor Plakate, die komplex und chaotisch wirken und die Zeitstimmung perfekt wiedergeben.

Heute gibt es – wie in vielen Bereichen – praktisch keine Regeln mehr. Klassische typografische Vorgaben in Bezug auf Schriftgrösse und -abstand, Proportionen der Schriften, die Farbenlehre in Bezug auf harmonische oder konstrastierende Farben, die vorrangige Vermittlung von Informationen, etc. spielen kaum mehr eine Rolle. Was man früher noch als ‹Schriftensalat› bezeichnet hätte, ist heute als Ausdruck der ‹künstlerischen Freiheit› akzeptiert, ebenso wie hochgestellte Schriftzüge, Schriften in orange auf grünem Hintergrund, Collagen und Mixturen von Fotos, Illustrationen, Grafiken und anderes mehr.

Die Plakatsammlung der Schule für Gestaltung Basel besitzt einen Fundus von rund 90 000 Plakaten mit dem Schwerpunkt auf Schweizerischen Plakaten mit lokalen, inhaltlichen und gestalterischen Beziehungen zur Nordwestschweiz. Von einem grossen Teil der Plakate wurden bereits Digitalisate erstellt und die dazugehörigen Informationen erfasst. Der Karteikartenkatalog der Sammlung wird laufend mit Neuaufnahmen ergänzt und rekatalogisiert. Seit 2015 steht eine Recherche-Station in den Räumlichkeiten der Sammlung bereit – die Veröffentlichung des Kataloges im Internet wird zu einem späteren Zeitpunkt stattfinden.

Rechte Seite: Peter Schiegg: Basler Herbstmesse, 1956

Linke Seite: Celestino Piatti, 1961
Oben links: Christoph Gloor, 1988
Oben rechts: Werner E. Grieder, 1980
Unten: Humbert & Vogt Studio SWB ASG, 1983

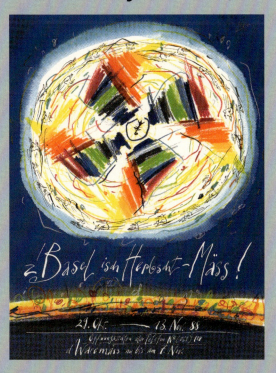

Linke Seite: Illustration: Louis Mermet
Entwurf: Alex Felix Productions, 2003
Rechte Seite: Messeplakate von Valencia
Kommunikation AG

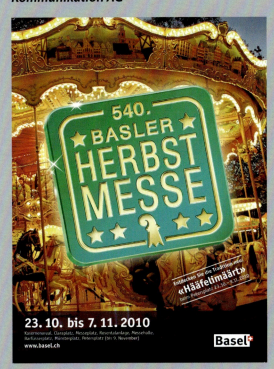

Im Rahmen des Jubiläums wurde ein Wettbewerb mit Studierenden des Instituts Visuelle Kommunikation der Hochschule für Gestaltung und Kunst (HGK FHNW) für eine Plakatserie 2019–2021 realisiert. Die Gewinnerin war die in Basel lebende Ukrainerin Dariia Pelekhai. Die Grafikdesignerin und Illustratorin illustriert mittels farbiger Linien, welche in lebhaften Schwüngen um das Logo kreisen, die Dynamik und Spannung der Basler Herbstmesse.

Airbrushing: das Design mit der Spritzpistole

Viele Fahrgeschäfte verfügen über Kulissen oder Rückwände, mit denen sie sich von den Mitbewerbern abgrenzen können. Gleichzeitig sollen diese Wände eine Illusion schaffen, das Motto eines Fahrgeschäfts präsentieren – ähnlich wie dies bei Theaterkulissen geschieht. Ursprünglich handelte es sich bei diesen Kulissen um Holzwände, die von Hand bemalt wurden. Heute werden die – meist aus Metall bestehenden – Kulissen im Airbrush-Verfahren bemalt.

Die Technik, Farbe mit einer kleinen Spritzpistole auf eine Oberfläche anzubringen, wurde bereits 1883 erfunden. Im Gegensatz zur Autolackierung, wo die Flächen ‹nass in nass› besprüht werden (es wird von Anfang an so viel Farbe aufgetragen, wie man am Schluss haben möchte), verlangt die Feinspritztechnik viel Geduld und Fingerspitzengefühl, denn jeder Farbauftrag muss zuerst trocknen, bevor man den nächsten anbringen kann.

In den 1920er Jahren fand die Feinspritztechnik vor allem in der Porträtmalerei Anwendung. Später wurde sie in der Porzellanmalerei und bei der Herstellung von Emailleschildern eingesetzt.

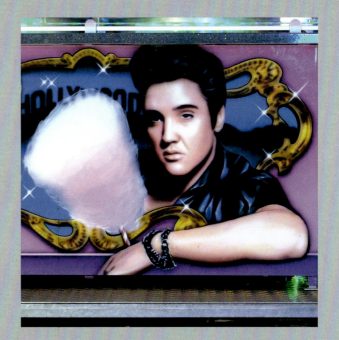

In den 1950er Jahren entdeckten die Grafiker diese Technik und verwendeten sie für die Illustrationen der bekannten Pin-up-Girls.

Auch im Bereich der technischen Illustration war die Feinspritztechnik nicht mehr wegdenken. Viele Künstler nutzten von nun an die neuen Möglichkeiten und schufen neuartige Werke. Später war es vor allem der Schweizer Künstler H.R. Giger, welcher seine ‹Biomorfen› in Freihandtechnik mit Spritzpistolen erstellte. Dadurch konnte er eine Welt darstellen, die aus mechanischer und biologischer Verschmelzung besteht.

Heute wird das Gestalten mit der Spritzpistole meistens Airbrush genannt (englisch für Luftpinsel). Es wird vor allem dann eingesetzt, wenn man ein Motiv nur einmal auf einer Fläche benötigt, also beispielsweise bei den Motorrad-Tanks, Lastwagen-Fronten oder eben den Rückwänden oder Fassaden von Fahrgeschäften.

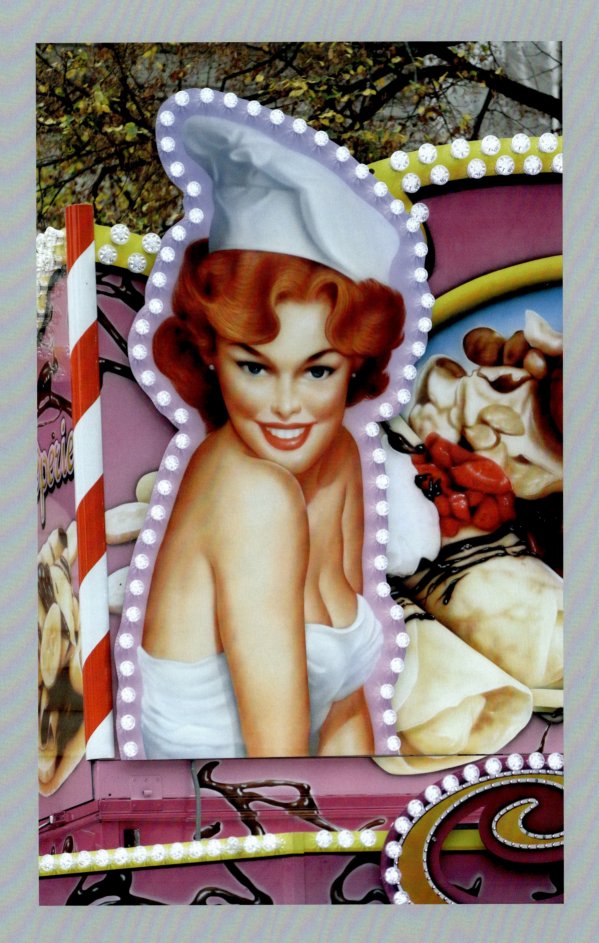

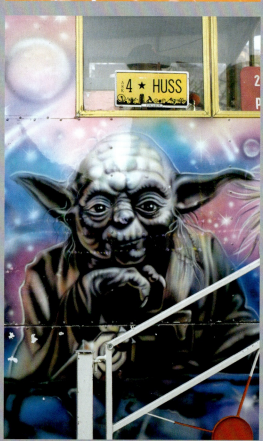

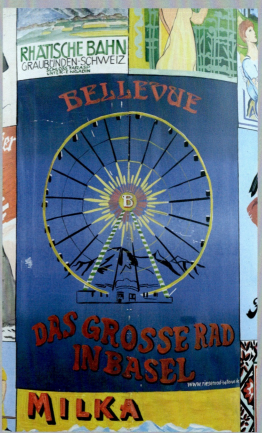

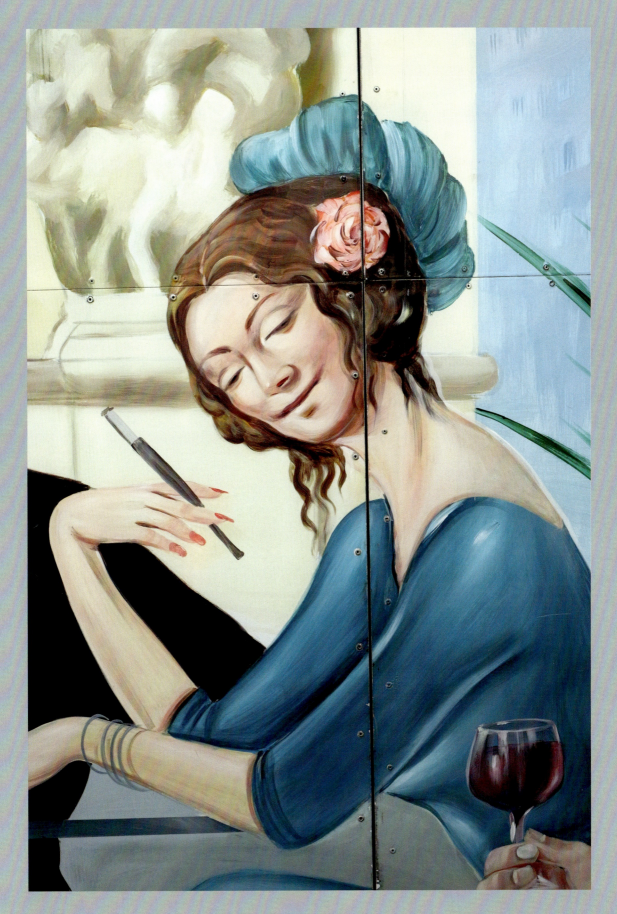

Immer unterwegs

23 Portraits
von Schausteller*innen und Marktfahrer*innen

Evelyne Aebi:
jedes Stück ein Unikat

Frau Aebi ist an ihrem Stand an der Herbstmesse nicht zu übersehen. Sie ist grossgewachsen und strahlt gleichzeitig Höflichkeit und Effizienz aus, dazu wirkt ihr breiter Berner Dialekt äusserst sympathisch. Evelyne Aebi ist eigentlich gelernte Zahnarztgehilfin; doch sie war schon immer sehr kreativ. Ihr Mann stammt aus einer bekannten Töpferfamilie und übte das Handwerk in der vierten Generation aus. Als sie ihn kennenlernte, arbeitete sie sich deshalb in das Keramikmalen ein. 1992 übernahmen sie und ihr Mann die bekannte Töpferei Aebi der Schwiegereltern in Hasle im Emmental und leiteten zusätzlich eine Töpferei in Trubschachen. 2001 feierten sie das 110-jährige Jubiläum der Keramikfirma Aebi.

Die Schwiegereltern produzierten sehr viel Ware für den Wiederverkauf; sie und ihr Mann hingegen wollten mehr im Direktverkauf arbeiten und konzentrierten sich auf Unikate und Kleinserien. Ihr Mann hatte immer wieder Ideen für originelle Dekostücke, Hängevasen, Keramikglöckchen, Skulpturen, Kugeln und noch vieles mehr.

In der Töpferei gab es zweimal im Jahr eine Ausstellung: die Frühlings- und die Weihnachtsausstellung: «Mir hey albe buechstäblich s ganze Huus uff e Chopf gstellt, alls anderscht yygrichtet u alls uffgstellt. Dinne u im Garte – äs het würkli uusgsee wiä in Hollywood!»

> «Mir hey albe buechstäblich s ganze Huus uff e Chopf gstellt, alls anderscht yygrichtet u alls uffgstellt. Dinne u im Garte – äs het würkli uusgsee wiä in Hollywood!»

Leute aus der ganzen Schweiz kamen, und der Name Aebi wurde weiterum bekannt. Bald umfasste die Kundenkartei über 6000 Personen.

2006 entschieden sich Evelyne Aebi und ihr Mann, nur noch einen Betrieb zu führen. Dazu kam, dass ein schwedisches Möbelhaus nahe bei Hasle ein grosses Einkaufszentrum errichtet hatte und dort günstige Geschirrsets anbot, was die Keramikmanufaktur ebenfalls zu spüren bekam. Auch flachte der Keramikboom generell ab, weshalb Evelyne Aebi und ihr Mann schweren Herzens den Entscheid fassten, den Betrieb in Hasle aufzugeben und sich auf die Töpferei in Trubschachen zu konzentrieren. «Das isch mit viu Schmärze verbunge gsi u glich heimer eifach gwüsst, das isch jetz üse Wäg.»

Bald darauf meldete sich die Keramikfirma Stebler bei ihnen. Der Inhaber wurde pensioniert und hörte auf – ob sie nicht Lust hätten, den Stand an der Herbstmesse weiterzuführen? Sie hatten. Nur wenig später wurden sie vom Heimatmuseum Trubschachen – wo sie eine Schautöpferei betrieben – angefragt, ob sie das Kaffee im 1. Stock des Museums übernehmen wollten. «Mir hey vo Tute u Blase in dr Gaschtronomie kee Ahnig kaa und mir hey zwee Söhn ka, wo denn no chli si gsi und hey denn es Wuchenänd überlegt, schaffe mir das überhoupt?»

Sie kamen überein, es ein Jahr lang zu versuchen und schafften es tatsächlich, dem heruntergewirtschafteten Kaffee-Betrieb neues Leben einzuhauchen. 2012 entschieden sich Aebis schliesslich, die Töpferei ganz abzugeben. Der Betrieb in Trubschachen wurde von einer Mitarbeiterin übernommen, die ihn bis heute weiterführt. Evelyne Aebi machte das Wirtepatent, heute führen sie und ihr Mann ein Landcafé in Hasle.

Den Stand am Petersplatz aber betreuen sie weiter «uus Plausch an dr Herbschtmäss u wills so no chli e Verbundeheyt zu friecher git.» Auch wenn es viel zusätzliche Arbeit bedeutet. Neben der ganzen Organisation und Vorbereitung braucht es fünf bis sechs Männer, die den Stand während zwei Tagen aufstellen (und später natürlich wieder abbauen). Danach kommt die ‹Frauenarbeit›. Zusammen mit vier Angestellten räumt Evelyne mit Markus Aebi während vier Tagen ein, dekoriert und bereitet den Verkauf vor. Keramik hat es heutzutage zwar schwer – die Konkurrenz der Billigwaren ist hoch –, doch gibt es noch einige kleinere innovative Kunsthandwerkbetriebe.

Frau Aebi hofft, dass das Pendel in ein paar Jahren wieder umschwingt: «I gloube hüt mit därä griene Wällä, chunnt das wider ass d'Lüt öbbis Nochhaltigs welle – u öbbis schöns!»

> Frau Aebi hofft, dass das Pendel in ein paar Jahren wieder umschwingt: «I gloube hüt mit därä griene Wällä, chunnt das wider ass d'Lüt öbbis Nochhaltigs welle – u öbbis schöns!»

Das Wort Keramik leitet sich aus dem griechischen ‹kéramos› ab, was Erde bedeutet. Einfache Keramikerzeugnisse gibt es seit ca. 30 000 Jahren.

Bei den Töpferwaren unterscheidet man vier Hauptkategorien:

Waren aus Töpferton: Da Töpferton nicht dicht brennend ist, müssen diese Produkte glasiert werden, um sie wasserdicht zu machen. Töpferton wird hauptsächlich auf der Töpferscheibe verarbeitet.

Steingut besteht aus einer Mischung aus Ton und Quarz, Feldspat oder anderen Mineralien. Auch Steingut ist nicht dicht brennend, und benötigt ebenfalls eine Glasur, wenn Wasserdichtigkeit gefragt ist.

Steinzeug ist ohne weitere Behandlung frostbeständig. Das Ausgangsmaterial von Steinzeug sind Tonerden von hoher Reinheit und hohem Aluminiumoxidanteil.

Porzellan entsteht hingegen aus einem komplett anderen Herstellungsprozess, Porzellan wird nämlich gepresst und anschliessend gebrannt. Der Rohstoff ist ein Gemisch aus Porzellanerde, Feldspat und Quarz. Beim sogenannten «Finebone China» wird dieser Mischung Knochenasche (‹bone› heisst Knochen auf englisch) hinzugemischt, wodurch ein besonders strahlender Glanz und hohe Festigkeit erreicht werden.

Inge Bruch:
Stillstand ist Rückstand

Inge Bruch steht aufrecht da. Die Kleidung und ihre ganze Erscheinung sind sehr gepflegt – man sieht ihr auf den ersten Blick nicht an, dass harte Zeiten hinter ihr liegen. Sie ist eine sehr erfahrene und erfolgreiche Geschäftsfrau. Aufgewachsen ist sie bei ihrer Tante auf einem Kleinstbauernhof, da die Eltern als Schausteller mit den Fahrgeschäften unterwegs waren. Sie war ein absolutes Naturkind und wehrte sich bis ins Alter von zehn Jahren standhaft dagegen, Schuhe anzuziehen…

Trotzdem wurde auch ihr, als geborene Barth – einem alten deutschen Schaustellergeschlecht – das Schausteller-Gen mit in die Wiege gelegt. Sobald wie möglich zog sie von Kirmes zu Kirmes. 1961 lernte sie – natürlich auf einer Kilbi - Oskar Bruch kennen, der ebenfalls einer traditionsreichen Schaustellerfamilie entstammte – die ‹Vergnügungsbetriebe Oscar Bruch› wurden 1848 (!) gegründet. «Bei uns hat es gleich gefunkt…» Allerdings musste das Paar ganz bei Null anfangen, da der elterliche Betrieb an die Brüder ging. Am Anfang hielten sie sich deshalb mit einem Musik-Express und einem Ringwerf-Pavillon über Wasser.

Irgendwann fragte Inge Bruch ihren Schwiegervater, ob er ihnen Geld leihen könnte für den Kauf einer kleinen Achterbahn. Ihr Mann wäre nie zu ihm hingegangen, und hätte um Geld gebeten, also lag es an ihr. Sie erinnert sich, dass der

> Sie war ein absolutes Naturkind und wehrte sich bis ins Alter von zehn Jahren standhaft dagegen, Schuhe anzuziehen…

Schwiegervater dann immer ganz ‹vornehm› wurde. Aber er sagte «Ja», und trug ihr gleichzeitig auf, Folgendes zuhause auszurichten: «Sage doch bitte meinem Sohn, deinem Mann, dass er sich die Hose nicht grösser machen soll wie sein Hintern ist… Ich werde euch helfen, aber denke daran, das Geld muss ich wiederhaben. Denn es ist für unseren Altersruhesitz vorgesehen, ich will für mich und meine Frau in Düsseldorf damit ein kleines Häuschen erwerben.»

Inge Bruch und ihr Mann kauften die Achterbahn, und dann wurde gespart. Sie hatte in einer Schublade ein kleines Kästchen und jede Mark, die sie nicht gerade dringend brauchte, wurde dort für die Rückzahlung hineingelegt. Selbst als ihr Mann dringend ein Schweissgerät benötigte und auf die Rücklagen zurückgreifen wollte, wies sie ihn ab: «Es ist mir egal, ob Du ein Schweissgerät brauchst – leih' Dir eins. Aber wenn Du an meine Schublade gehst, bring' ich Dich um!»

So war es kein Wunder, dass sie dem Schwiegervater das Geld sogar vor dem vereinbarten Termin zurückzahlen konnte. Dann ging es mit harter Arbeit und langen Arbeitstagen langsam aber stetig voran. Sie bekamen zwei Kinder, Angela und Oscar jun., die beide ebenfalls im Schaustellergeschäft tätig sind. Und mit Wiebke Bruch, der 1992 geborenen Tochter von Oscar jun., ist nun die siebte Generation Bruch auf der Kilbi anzutreffen. Oscar Bruch sen., Inge Bruchs Mann, verstarb leider 2017. «Er fehlt mir noch heute», sagt sie leise.

Wichtig ist ihr, dass es mit dem Betrieb immer voran geht, ihr Lieblingsmotto ist: «Stillstand ist Rückstand». Sie investiert immer wieder und probiert gern Neues aus. So erhielt die Achterbahn ‹Spinning Racer›, die auch in Basel gastiert, 2016/2017 eine Rundum-Beleuchtung der Wägelchen. Eine besondere Herausforderung aus verschiedenen Gründen: Die Wägelchen werden an einer Kette hochgezogen und fahren dann durch eigene Kraft über die ganze Bahn – mit einer Maximalgeschwindigkeit von bis zu 60km/h! Zusätzlich drehen sie sich dabei um die eigene Achse. Da sie nicht elektrisch angetrieben werden, bedeutet das, dass jedes Wägelchen einen eigenen Akku braucht. Dieser durfte jedoch nicht zu schwer sein, um das Fahrverhalten nicht zu beeinflussen und auch nicht allzu gross, um noch im Wagenunterbau Platz zu finden. Zudem musste die Installation TÜV-tauglich sein – keine leichte Aufgabe für die Entwickler. Und auch keine billige! Allerdings hat sich der Aufwand gelohnt. Tagsüber sind die dunkelblauen Schienen mit den quietschgelben Stützen ein Hingucker, und in der Dämmerung und Dunkelheit die leuchtenden Wägelchen auf Schussfahrt.

Inge Bruch selbst hat keinerlei Scheu auch vor der wildesten Fahrt – sie kann sich an Zeiten erinnern, als sie bei der Probefahrt nach dem Looping im Zaun landete, weil die Schienen zu kurz gelegt waren...

Sie ist zu Recht stolz darauf, was sie alles erreicht hat. Ihre Arbeiter kennt sie mit Vornamen – die meisten sind schon lange bei ihr. Es ist ihr wichtig, dass ein gutes Miteinander herrscht, und alle mit Motivation arbeiten. Dafür bringt sie auch schon mal persönlich Kaffee und Kuchen für alle vorbei.

Mitte des 19. Jahrhunderts bat der Schneider und ‹Carousselführer› August Ludwig Franz Bruch seinen Bruder, einen Wagenschmied, ihm ein Karussell zu bauen.
So wurde 1848 der Grundstein für eine Schausteller-Dynastie gelegt, die bis heute aktiv ist.
Bild: Riesenrad mit Richter-Orgel, 1910.

Wiebke Bruch:
Von klein an hoch hinaus

Das Gespräch mit Wiebke Bruch findet in einer der Gondeln des Riesenrads statt. Die Stimmung in der sanft nach oben steigenden Gondel ist einzigartig, ruhig und gelassen. Der Lärm und die Geschäftigkeit der Herbstmesse liegen weit unten, und der Blick schweift automatisch zum Horizont und dem sternenbesetzten Nachthimmel.

Die Augen der schlanken, jungen Frau mit den langen, dunkelblonden Haaren strahlen, wenn sie vom Riesenrad ‹Bellevue› erzählt. Wiebke Bruch ist Schaustellerin in der siebten (!) Generation und mit Riesenrädern gross geworden. Auch wenn sie ganz ‹normal› zuhause zur Schule ging, diese mit dem Abitur abschloss und anschliessend eine Lehre zur Bankkauffrau absolvierte.

> **Wiebke Bruch ist Schaustellerin in der siebten Generation und mit Riesenrädern gross geworden.**

Sie erzählt eine alte Familienanekdote von ihrem Urgrossvater, der ein kleines Riesenrad, eine so genannte ‹Russenschaukel› selbst gebaut hatte. Als Antrieb wurde ein Salzwasser-Anlasser benutzt. Dieses 1860 patentierte Prinzip ist einfach und wurde für Riesenräder und Karussells verwendet. Dabei werden Metallzinken in einen grossen Behälter mit Salzwasser eingetaucht, die unter Strom stehen. Das Salzwasser wirkt wie eine grosse Batterie und verstärkt den Stromfluss. Je tiefer diese Elektroden sinken, umso mehr Energie wird freigesetzt. Und je salzhaltiger das Wasser ist, desto schneller sinken die Elektroden. Wenn damals die Damen mit ihren bauschigen Röcken im Rad fuhren, so gaben seine jugendlichen Söhne Willi und Oscar Bruch sen. gerne einen Extraschuss Salz ins Wasser, so dass sich das Rad schneller drehte, und die Röcke entsprechend hoch aufflogen…

Heute sind die Ansprüche an ein ‹Riesen›-Rad allerdings deutlich höher. Erreichten die Russenschaukeln im Schnitt eine Höhe von ca. 12–15 Metern, so sind die heutigen Räder bei über 55 Metern und mehr angelangt.

Das grösste noch transportable Riesenrad ist das Hi-Sky von 2019. Es steht in München und ragt 78 Meter in die Höhe. Für seinen Ab- oder Aufbau sind ganze vier Wochen nötig. Das grösste stationäre Riesenrad der Welt ist momentan ‹The High Roller› in Las Vegas mit sagenhaften 168 Metern Höhe!

Wiebke Bruch ist zwar noch jung, aber sie ist sich ihrer grossen Verantwortung bewusst. Sie verkörpert die nächste Generation eines grossen Familienunternehmens mit vielen Arbeitsplätzen. Im Gegensatz zu den meisten Schaustellerbetrieben haben Bruchs ein festes Büro in Düsseldorf, ihrer Heimatstadt, und dazu eine Niederlassung im schweizerischen Baar. Da sie insgesamt drei Riesenräder betreiben, die alle eine Mannschaft von rund 12 bis 20 Leuten benötigen sowie einen grossen LKW-Park für die Transporte, ist der Logistik- und Administrativaufwand enorm. Vor

allem wenn man in ganz Europa Engagements hat. Da ist der Papierkrieg vorprogrammiert…
Dazu kommen die Bewerbungen für die Standplätze, die koordiniert werden müssen. Denn für
jeden Standplatz muss man sich jedes Jahr neu bewerben, ohne Garantie auf Erfolg notabene.
Da bleibt – wie Wiebke Bruch nicht ganz ernst meint – nur «Abwarten und Beten…» Zudem ist
Organisationstalent gefragt, denn die Antworten können unter Umständen lange auf sich warten lassen, was die Planung enorm erschwert.

Wiebke Bruch liebt die Herausforderungen des Schausteller-Berufs. Sie erklärt: «Hier habe ich
einerseits das Alltagsgeschäft mit der Spielzeit: Kasse machen, Personal einteilen, Kundschaft
bedienen, und auch mal das eine oder andere Gespräch führen. Anderseits gehören auch viel
Vorbereitung und Planung dazu. Ferner kommen Gespräche mit den Verantwortlichen der Stadt,
wo wir jeweils sind, Organisation von Spezialevents und ähnliches hinzu. Kein Tag ist wie der andere. Ich bin mein eigener Herr. Die Kehrseite ist natürlich, dass das Geschäft vor dem Privaten
Vorrang hat. Wenn eine Freundin Hochzeit feiert, würde ich zwar gerne dabei sein, wenn das
Fest aber beispielsweise auf ein für uns wichtiges Wochenende fällt, muss ich absagen, auch
wenn es mir leidtut.»

> «Wenn ich als Schaustellerin bei einem Geschäftstermin erwähne, dass ich gelernte Bankkauffrau bin, werde ich von manchen Gegenübern plötzlich viel ernster genommen.»

Auch heute noch gibt es gegenüber den Schaustellern viele Vorurteile, wie Wiebke Bruch aus eigener Erfahrung erzählt: «Wenn ich als Schaustellerin bei einem Geschäftstermin erwähne, dass ich gelernte Bankkauffrau bin, werde ich von manchen Gegenübern plötzlich viel ernster genommen. Die merken dann, da ist eine Geschäftsfrau, die weiss, wovon sie redet.» Den Alltag im Wohnwagen hat sie gut organisiert: «Sie müssen sich einen Wohnwagen wie eine kleine Wohnung vorstellen. Man kann es heimelig einrichten. Es ist zwar klein, komprimiert möbliert, aber es hat alles was man braucht; in der Küche steht ein Herd mit Backofen und sogar mit Abzugshaube. Es hat auch eine ganz normale Dusche. Ich habe eine Waschmaschine, die gleichzeitig als Trockner eingesetzt werden kann. Ich benötige einfach einen Wasser- und einen Stromanschluss.»

Bei den an sie gerichteten Anfragen sind oft auch Sonderwünsche dabei. Was möglich ist, versucht sie zu erfüllen: So kann man zum Beispiel eine Gondel für eine Viertelstunde für sich alleine mieten. Gerne wird diese auf Wunsch auch vorher mit Rosenblättern und/oder Champagner oder ähnlichem ausstaffiert. Falls Sie also einen Heiratsantrag planen sollten, wäre dies eine der spektakuläreren Varianten…

Elisabeth Corbière:
Basler Kameltreiber sind höflicher

«Hopp, hopp, hopp – Nummere ais und Nummere foif – e chli Gas gää, so hopp jetzt, mach emool – nit so lahm!» – so tönt es, wenn Frau Corbière an ihrem Spielwagen mit dem Kamelrennen ihre Kunden in reinstem Züritütsch anfeuert. Das Mikrofon eng an den Mund haltend, beobachtet und kommentiert sie einerseits die laufenden Kamele, andererseits scheint ihrem Blick nichts von dem zu entgehen, was so alles vor dem Spielwagen abläuft.

Sie kennen das Kamelrennen (noch) nicht? Ganz einfach: An der Rückwand des nach vorne offenen Spielwagens sind übereinander 12 Bahnen mit je einer beweglichen Kamelfigur mit Reiter. Vorne am Wagen sind der Länge nach 12 Abteile abgetrennt, wo jeder Spieler für sich versucht, einen Ball auf einer schrägen Ebene in verschiedene Öffnungen zu werfen. Trifft er, so bewegt sich ‹sein› Kamel mit einer wiegenden Schaukelbewegung vorwärts und zwar um soviel Felder, wie die Öffnung Punkte hergibt. Wessen Kamel als erstes durchs Ziel geht, hat gewonnen. Selten spielt jemand allein, und oft zieht das Spektakel viele Zuschauer an. Das ist auch der Verdienst der Besitzerin, die das wilde Geschehen laufend wie ein Maschinengewehr kommentiert und dabei nicht an träfen Sprüchen spart. Dabei hatte sie am Anfang eine wahnsinnige Hemmschwelle, wie sie erzählt. Heute hingegen ist ihr das eigene Mundwerk manchmal zu vorlaut…

Elisabeth Corbière ist von ‹Privat› zur Schaustellerei gekommen. So werden von den Schaustellern selbst jene Leute bezeichnet, die nicht in einer Schaustellerfamilie aufwuchsen, sondern die erst im späteren Leben diesen Beruf ergreifen. ‹Private› werden sie deshalb genannt, weil für Schausteller Privatsphäre eher selten ist, da sie oft über längere Zeit auf engem Raum zusammenleben (müssen). Mit 18 lernte sie ihren ersten Mann, einen Schausteller, kennen und kam so auf die Kilbi und auf die Reise. Schwer ist ihr dieser Schritt nicht gefallen, oder wie sie es ausdrückt: «Da ist man verliebt und will mit dem Mann zusammen sein. Ausserdem findet man das alles am Anfang eher aufregend. Erst wenn man älter wird, merkt man, wieviel Arbeit eigentlich dahintersteckt. Es ist für jüngere Private sicher einfacher sich umzugewöhnen, als mit 40 zu sagen: Ich gebe jetzt alles auf, und ziehe 9 Monate im Jahr in einem Wohnwagen durch die Schweiz.»

> «Da ist man verliebt und will mit dem Mann zusammen sein. Ausserdem findet man das alles am Anfang eher aufregend. Erst wenn man älter wird, merkt man, wieviel Arbeit eigentlich dahintersteckt.»

Frauen, die von Privat in eine Schaustellerfamilie heiraten, haben es einfacher als Männer, die dasselbe tun. Als Frau ‹genügt› es, wirklich hart zu arbeiten und überall mitanzupacken, um anerkannt zu werden. Ein Mann hingegen muss doppelt soviel leisten wie ein Schausteller, und es kann dauern, bevor er wirklich in dieser Gemeinschaft akzeptiert wird. Dies kann für die jüngere Schausteller-Generation bei der Partnersuche ein grosses Problem sein.

Apropos Beziehungen: Frau Corbière liess sich später scheiden, blieb aber der Kilbi und dem Wohnwagenleben treu. Auch ihr zweiter Mann, Harry Corbière, ist Schausteller, und sie betreiben noch heute mehrere Fahrgeschäfte. Unter anderem gehört ihnen auch die beliebte Kinder-Rutsche auf dem Münsterplatz, die sie abwechselnd mit einem anderen Anbieter jedes zweite Jahr dort aufstellen – sofern ihre Bewerbung bei Messen und Märkte akzeptiert wird. Denn jeder Schausteller muss sich jedes Jahr neu für einen der begehrten Standplätze an der Basler Herbstmesse bewerben – und es gibt weder Garantien noch Privilegien bei der Vergabe der Plätze.

Da die Corbières nach langen Jahren auf der Messe etwas kürzer treten wollten, verkauften sie ihr grösstes Fahrgeschäft, ein Riesenrad, und übernahmen dafür den Kamelrennen-Spielwagen von einem Freund. So ein Wagen bedeutet immerhin weniger Aufwand als eine grosse Bahn – wobei sie aber, zusammen mit 5 Angestellten, noch immer mehrere Geschäfte gleichzeitig betreuen. Hier kommt Frau Corbière auch ihre ursprüngliche Ausbildung im kaufmännischen Bereich zu gute. Schausteller müssen Multitalente sein. Sie müssen organisieren können, über gute technische und auch kaufmännische Fähigkeiten verfügen, müssen mit Ämtern und Menschen umgehen können und vieles mehr.

Und man muss, wie eben auch beim Kamelrennen, die Leute animieren können. Ein Geschäft, bei dem nicht ‹rekommandiert› wird, wie es korrekterweise genannt wird, macht weniger Umsatz. Und so musste sie sich angewöhnen, die Rennen lauthals zu kommentieren: «Ich musste lernen, keine Hemmungen zu haben. Ausserdem merkt man einfach, dass man dann mehr Geld verdient, oder! Vor allem an einem Samstag oder Sonntag muss man zu zweit sein, um den Wagen zu bedienen, da hat man kaum Zeit, zur Toilette zu gehen.»

Was sie an der Basler Herbstmesse sehr schätzt, ist das höfliche Basler Publikum. Eine Einschätzung, die viele Schausteller teilen: «Der Zürcher legt einfach sein Geld hin; der Basler sagt ‹Schönen guten Tag – ich hätte gerne zwei Billette, bitte›, und dann sagt er noch ‹Danke› – das macht der Zürcher alles nicht. Anderseits können Sie mit dem Basler schnell Lämpen haben, einfach weil Sie ein Zürcher sind, und Sie etwas gesagt haben, das er nicht goutiert.» Sie schätzt es, dass sie in Basel im Allgemeinen so genommen wird wie sie ist, denn noch immer gibt es sehr viele Vorurteile und Abneigung gegenüber Schaustellern. «Wenn die Leute freundlich sind, ist man auch freundlich und wenn halt jemand unfreundlich ist, wird man halt vielleicht auch unfreundlich. Wir sind schlussendlich nicht irgendwelche Schiessbudenfiguren, sondern Menschen! Ich habe eine Ausbildung und zahle Steuern, genau wie meine Kunden.»

> «Der Zürcher legt einfach sein Geld hin; der Basler sagt ‹Schönen guten Tag – ich hätte gerne zwei Billette, bitte›, und dann sagt er noch ‹Danke› – das macht der Zürcher alles nicht.»

Gabriella Hablützel:
Gesundes im Schoggimantel

Gluschtig leuchten rote Erdbeeren und gelbe Ananasstückchen am Stand; feiner Schoggiduft zieht durch die Luft und kitzelt verführerisch in der Nase. Hier ist das Reich von Ralph und Graziella Hablützel, die auf dem Kasernenareal ihre bekannten Schoggifrüchte anbieten.
Ralph und sein Bruder Peter Hablützel stammen aus einer alten Schaustellerfamilie. 1881 fing alles damit an, dass ein Schausteller in der Wagnerei des Ur-Ur-Urgrossvaters ein Rösslikarussell bauen liess. Nach der Fertigstellung war dem Besteller aber das Geld ausgegangen, und so stand es in voller Pracht unbenutzt da, bis sich Ralphs und Peters Ur-Ur-Urgrossmutter dazu entschied, zusammen mit ihrem Mann und dem Karussell herumzureisen.

Peter Hablützel konzentrierte sich dann auf spektakuläre Fahrgeschäfte, wechselte aber 2012 mit der Gründung der Hablützel Consulting AG ‹hinter die Kulissen›. Ralph Hablützel hingegen hatte schon vorher, zusammen mit seiner Frau Graziella, den Confiserie-Geschäftszweig seiner Mutter übernommen. Graziella Hablützel wuchs im Tessin auf und kam erst durch ihren Mann, den sie 1980 kennenlernte, zur Schaustellerei. Damals gab es im Tessin nur wenig Kilbis und Messen: «Ich hatte Ferien und kam 1981 nach Basel an die Herbstmesse. Es war überwältigend, eine komplett neue, total andere Welt für mich, es war faszinierend!»

«Ich hatte Ferien und kam 1981 nach Basel an die Herbstmesse. Es war überwältigend, eine komplett neue, total andere Welt für mich, es war faszinierend!»

1982 zog Frau Hablützel dann ganz in die Deutschschweiz und arbeitete mit ihrem Mann zusammen. «Ganz am Anfang hatten wir Spiele, bis etwa Mitte der 1980er Jahre, dann haben wir mit den Schoggifrüchten angefangen. Bis 2014 hatten wir auch noch einen grossen Confiseriestand, der war aber nie an der Basler Herbstmesse.» Graziella Hablützels Stimme hört man kaum noch einen Akzent an, obwohl italienisch, resp. der Tessiner Dialekt, ihre Muttersprache ist. Sie erzählt ruhig, aber man merkt ihr an, dass sie laut werden kann, wenn es sein muss.

Hablützels reisen, wie praktisch alle Schweizer Schausteller, nur in der Schweiz. 2002 waren sie mit ihrem Confiseriestand auch an der Expo – liessen die Saison aber parallel weiterlaufen. Dies bedeutete für Graziella Hablützel, dass sie in 6 Monaten genau einen freien Tag hatte: an ihrem Geburtstag. «Wir haben's durchgezogen, aber ich denke, heute könnte ich das nicht mehr, da waren wir noch jünger.»
Die Basler Herbstmesse gehört ebenfalls zu den ‹strengeren› Orten, da hier 16 Tage am Stück gearbeitet wird. Allerdings ist sie froh, dass sie hier wenigstens noch vor Mitternacht ins Bett kommt, immerhin gibt es in Basel keine Freinächte, wie an anderen Messen. Lang ist der Arbeits-

tag trotzdem. Morgens um 10.00 Uhr wird angefangen, Schluss ist dann unter der Woche um ca. 22.30 Uhr, an den Wochenenden um 23.30 Uhr. Dies bedeutet 12- bis 14-Stunden-Tage, mit nur einer Stunde Mittagspause.
Sonst steht Graziella Hablützel meist früh auf, und geht mit ihren beiden grossen Hunden spazieren, das ist für sie Ausgleich und Entspannung. Für die Zeit an der Herbstmesse hat sie für die Vierbeiner ein gutes Plätzchen gefunden. Wie sie augenzwinkernd meint: «Die haben jetzt zwei Wochen Wellness!».

Die Arbeit am Stand können Hablützels natürlich nicht allein stemmen – am Wochenende arbeiten bis zu zehn Personen im Wagen, um alle Kunden zu bedienen. Es sind fast immer die gleichen Helfer in Basel, mittlerweile zählen sie zu ihren Freunden. Und auch die vielen Stammkunden kennen und schätzen die freundliche Bedienung.
Die Schoggifrüchte werden direkt am Stand produziert, die Früchte kommen von einem Basler Lieferanten, der ihnen die Ware in die ganze Schweiz liefert.
Selbst isst Graziella Hablützel höchstens noch manchmal ein einzelnes ‹Schoggiärdbeeri›, nach Süssem ist ihr während der Saison kaum mehr. Und Bananen für zuhause kauft sie frühestens im Januar – vorher ist ihr der süssliche Bananenduft einfach zu viel…

Hermann Haeseli: von 121 Lehrern unterrichtet

Es rumpelt und knallt, wenn die Wägelchen des Autoscooters, auf Baseldytsch «Botschauteli», der Familie Haeseli auf der Bahnoberfläche zusammenstossen. Die Fähnchen an den Stangen oben flattern wild, und fröhliches Gekreische ertönt im farbig-bunten Lichtspiel der vielen Lämpchen. Hermann Haeseli ist in der fünften Generation Schausteller und hat den Autoscooter 1992 von seinem Vater übernommen, nun führt sein Sohn dieses Geschäft.

Die Bahn mit Jahrgang 1964 ist noch immer im Originalzustand, und wird natürlich entsprechend unterhalten. So werden jeden Winter die kompletten Fahrgeschäfte (Haeselis haben mehrere Bahnen) vom Motor über die Aussenflächen bis hin zur Beleuchtung überholt, revidiert, neu gespritzt und auch bemalt – notabene alles von Haeselis selbst. Sie verfügen dazu in ihrem Winterquartier über eine komplett eingerichtete Werkstatt.

Hermann Haeseli ist als Schaustellerkind auf der Kilbi aufgewachsen und eignete sich so das nötige Wissen für seinen Beruf an. Die Eltern zogen von Ort zu Ort und von Platz zu Platz, was für ihn praktisch jede Woche einen Schulwechsel bedeutete. Hermann Haeseli bekam ein so genanntes Reisezeugnis und hatte insgesamt, wie er sagt, 121 Lehrer. Nur im Winter, den die Familie Haeseli in Basel verbrachte, ging er für zwei, drei Monate am gleichen Ort zur Schule. Der Vater stammte – wie fast alle Haeselis – ursprünglich aus Frick, erwarb aber 1962 das Basler Bürgerrecht. So besuchte Hermann Haeseli die Primarschule im Rosentalschulhaus und ging anschliessend im Thomas Platter-Schulhaus zur Schule.

> Hermann Haeseli ist als Schaustellerkind auf der Kilbi aufgewachsen und eignete sich so das nötige Wissen für seinen Beruf an. Die Eltern zogen von Ort zu Ort und von Platz zu Platz, was für ihn praktisch jede Woche einen Schulwechsel bedeutete.

Das Ganze war sehr pragmatisch geregelt: Dort wo er sich grade aufhielt, ging er eben zur Schule, trotzdem machte der ‹Kantönligeist› das Wanderleben nicht einfacher. So kam es vor, dass eine Gemeinde ein Französisch-Buch im Unterricht verwendete, und die Nachbargemeinde ein anderes... Da hiess es: Büffeln und nachholen. Heute ist ein solcher Schulbesuch nicht mehr möglich, oder auch nur vorstellbar. Hermann Haeseli merkt die Entwicklung an seinen eigenen Kindern, die einen Altersunterschied von 14 Jahren haben. Den älteren Sohn konnten sie noch auf die Reise mitnehmen und unterwegs zur Schule schicken, bei der jüngeren Tochter ging das nicht mehr.

Hermann Haeselis dunkle Augen blicken verschmitzt, während er von seiner Schulzeit erzählt. Er hat daran gute Erinnerungen, auch wenn das Leben hart war. Nach Schule und Hausaufgaben stand Helfen auf dem Plan: «Das war so. Früher auf den Bauernhöfen haben die Kinder ja auch

> Das Geschäft muss beim Aufbau auf den Millimeter genau ausnivelliert werden: «sonst passt da nichts mehr zusammen. Die Autos fahren schliesslich nicht bergauf...»

alle gearbeitet, das war normal.» Hermann Haeseli strahlt Ruhe aus. Er hat schon manchen Lebenssturm gemeistert und sich seinen Humor bewahrt.

Haeselis sind ein Familienbetrieb im wahrsten Sinne des Wortes. Alle halfen und helfen mit, wie und wo immer es möglich ist. Trotzdem brauchen auch sie zusätzliche Angestellte, um die Arbeit bewältigen zu können. Je nach Jahreszeit kommen neben zwei bis vier Festangestellten für Auf- und Abbau oder für die Spitzenzeiten weitere Helfer dazu. An den Wochenenden können zehn bis zwölf Leute nötig sein.

Allein um den Autoscooter aufzubauen, braucht es zweieinhalb Tage, denn das Geschäft muss beim Aufbau auf den Millimeter genau ausnivelliert werden: «sonst passt da nichts mehr zusammen. Die Autos fahren schliesslich nicht bergauf...»

Zwischen 1900 und 1920 erregte das Automobil grosse Aufmerksamkeit. Man wollte dieses ‹Spielzeug der reichen Leute› auch dem Normalbürger zugänglich machen, und so entstand 1906 im amerikanischen Vergnügungspark Coney Island ‹Neville's Automobile Railroad› (Nevilles Auto-Bahn), auf der die einzelnen Wagen von einer Schiene geführt wurden. Schon rasch entwickelten sich daraus Bahnen mit frei beweglichen Fahrzeugen, die seit 1919 an einer netzartigen Oberleitung hingen – wie wir es auch heute noch von den ‹Botschautos› her kennen. Andere wurden mit Batterien oder Verbrennungsmotoren bestückt, woraus sich die Go-Kart-Bahn entwickelte.

Der Autoscooter mit der weltweit grössen Fahrfläche heisst ‹Super Skooter› und gehört einer deutschen Schaustellerfamilie. Seine Fahrfläche umfasst 651 m² (21 x 31 m).

Laut dem Guiness-Buch der Rekorde wurde die längste Fahrt auf einem Autoscooter mit 28 Stunden von Jan Spekker und Manuela Benus in Hamburg während des Hamburger Sommerdoms im August 2016 absolviert.

Es gibt übrigens nicht nur ‹Boschautos›, sondern auch ‹Botschboote›. Dabei handelt es sich um Elektroboote in Wasserbassins, die von einem umlaufenden Gummiring geschützt werden.

Walter Hanselmann:
artgerechte Bienen-Haltung

Alles begann mit einem Bauchladen, mit dem Walter Hanselmann senior 1939 an der ‹Landi› in Zürich erstmals seine Waren verkaufte. Nach dem Krieg fuhr er mit dem Warenverkauf fort und baute sein Geschäft aus. Schon bald waren er und seine Frau jedes Jahr an der Basler Herbstmesse mit einem Confiseriestand auf dem Petersplatz anzutreffen.

Sein Sohn, Walter Hanselmann junior, der das Geschäft heute führt, erzählt: «Vor rund 60 Jahren liefen die Verkäufe auf dem Petersplatz nur sehr schlecht; die Diagonalwege existierten noch nicht, und entlang der Uni gab es gar keine Stände. Es waren praktisch nur Zürcher hier, da kein Basler dort seinen Stand aufstellen wollte, diese wollten alle an den Messeplatz. Viele – auch meine Eltern – hatten sogar zwei Stände, da die Devise der Stadt lautete: ‹Füllt den Platz!› Es wurden dort die unterschiedlichsten Waren verkauft. Unter anderem gab es einen, der Zündverstärker verkaufte. Er hatte einen Lastwagen mit einem grossen Motor, wohl einen Amerikaner, und liess alle paar Minuten den Motor anlaufen, so dass es über den ganzen Platz dröhnte – so etwas wäre heute absolut unvorstellbar.»

Walter Hanselmann junior wuchs mit den Märkten auf, wollte jedoch als junger Mann nichts damit zu tun haben und machte deshalb eine Lehre zum Orthopädisten – nicht zu verwechseln mit dem Orthopäden: Orthopäden sind Ärzte die sich auf Erkrankungen des Bewegungsapparates spezialisiert haben. Der Orthopädist ist derjenige, der auf Verordnung des Arztes das entsprechende Hilfsmittel herstellt. Er fertigt beispielsweise Einlagen und Prothesen an und informiert über deren korrekte Anwendung.

Doch dann merkte Walter Hanselmann, dass er doch mehr von zuhause mitbekommen hatte als gedacht. Der Alltag als Markthändler ist anders, wie wenn man einem ‹geregelten› Beruf mit festen Arbeitszeiten nachgeht. Kurzum, Walter Hanselmann vermisste das Marktleben. Als er den Eltern eröffnete, dass er das Geschäft wohl doch übernehmen wolle, war die erste Reaktion seines Vaters: «Spinnsch eigetli?» Sein Vater sah keine Zukunft in dem Gewerbe; er dachte, das ältere Publikum werde wohl wegsterben und es gebe irgendwann keine Kundschaft mehr.

> Als er den Eltern eröffnete, dass er das Geschäft wohl doch übernehmen wolle, war die erste Reaktion seines Vaters: «Spinnsch eigetli?»

Trotzdem übernahm der Junior. Heute bestätigt Walter Hanselmann: «Für mich war es das absolut Richtige.» Er und seine Frau Käthi, eine gelernte Bäuerin, haben sich auf hochwertige Backwaren wie Magenbrot oder ‹Biirewegge› aus der ganzen Schweiz spezialisiert. Sie legen Wert darauf, dass ihre Produkte direkt ‹vom Begg› kommen und nicht industriell hergestellt sind.

Die beiden sind immer auf der Suche nach neuen Artikeln. Oft erlebten sie am Stand, dass Leute zwar gluschtig die Auslage begutachteten, auf Nachfrage aber betrübt antworteten: «Ich darf

nicht, ich vertrag kein Gluten.» So kamen sie auf die Idee, glutenfreies Magenbrot und andere Artikel anzubieten – mit überwältigenden Reaktionen bei der Kundschaft: «Äs het Lüt gha wo brüelet hänn und gsait, wüssed si wie lang ich schon kai Maagebrot me ha dörfe ässe?!»

Und manchmal gibt es auch Lustiges zu erleben: So erkundigte sich eine Kundin nach den Zutaten beim Magenbrot: «Hat es hier Eier drin?» – «Nein, keine Eier» – «Hat es Milch drin?» – «Nein, auch keine Milch» – «Ah, dann ist es vegan.» – «Nein, nicht ganz, es hat Honig drin.»
Da überlegte die Kundin kurz und meinte dann: «Also wenn die Bienen gut gehalten wurden, dann ist es in Ordnung», und kaufte sich ihr Magenbrot…

Astrid Jonasch:
die Tessinerin der Jonasch-Familie

Der Name Jonasch ist von der Herbstmesse nicht wegzudenken, auch wenn es kein typischer Basler Name ist. Der erste Jonasch, Franz Jonasch I., kam 1868 in einem Dorf in der Nähe von Prag auf die Welt und wanderte 1893 – nach einer Zuckerbäckerlehre und diversen Stationen in Deutschland – in die Schweiz ein. Er war der Gründervater der ‹Jonasch-Dynastie›. Er machte sich bald selbständig, heiratete und erwarb 1903 die Liegenschaft St. Johanns-Ring 120. Dort im Hinterhof wurde 1905 ein Fabrikgebäude gebaut, in welchem die ‹Däfi›, Leckerli und Magenbrot hergestellt wurden.

Seine Frau Pauline, die Urgrossmutter von Astrid Jonasch, brachte die Produkte unter die Leute. Der Verkauf lief so gut, dass zeitweise über 20 Angestellte beschäftigt waren, meist Packerinnen. Franz Jonasch I. und seine Frau teilten sich die Arbeit. Während er produzierte, kümmerte sie sich um alles andere: Sie betrieb das Büro, verwaltete das Geld und organisierte den Verkauf; ‹nebenbei› zog sie sieben Kinder gross. In den 1930er Jahren wurde das wirtschaftliche Umfeld schlechter. In den Läden wollten die Kunden anschreiben lassen, es wurde immer schwieriger, das Geld einzutreiben. So wurde Pauline Jonasch Marktfahrerin und legte damit den Grundstein für die Familientradition.

Ihr Sohn, Franz Jonasch II. führte das Geschäft fort, die Produktpalette wurde laufend erweitert und angepasst. Franz Jonasch II. hatte drei Kinder, die alle ebenfalls ein eigenständiges Markthändlergeschäft gründeten. So sind vier Confiserien aus derselben Familie entstanden: Confiserie Jonasch von Franz Jonasch IV.; Confiserie Jonasch Senior, gegründet von Franz Jonasch III., heute von Astrid Jonasch und ihrem Mann geleitet; Confiserie Jonasch-Abgottspon; Confiserie Herzig-Jonasch.

> Franz Jonasch II. hatte drei Kinder, die alle ebenfalls ein eigenständiges Markthändlergeschäft gründeten. So sind vier Confiserien aus derselben Familie entstanden.

Astrid Jonasch ist zurückhaltend höflich, und ihre grossen dunklen Augen blicken ernst, während ihre melodiöse Stimme aus ihrer Familiengeschichte erzählt. Sie wuchs als Tochter von Franz Jonasch III. am St. Johanns-Ring auf. Obwohl sie von klein auf im Geschäft dabei war, wollte sie erst nicht in die Fussstapfen der Eltern treten. Sie absolvierte von 1976–1979 eine Lehre als Buchhändlerin und zog ins Tessin, von wo ihre Mutter, Oliva Jonasch Valentini stammt.

Leider starb ihr Grossvater kurz nachdem sie ihre Lehre beendet hatte, und die Familie benötigte ihre Hilfe. Mittlerweile wurden zwei Stände betrieben, einer am Petersplatz und einer am Messeplatz: «Ich habe gesagt OK, ich wohne zwar jetzt im Tessin, aber an die Messe komme ich trotzdem zum Helfen. Das ist jetzt 40 Jahre her. Und ich habe kein einziges Mal gefehlt!»

Astrid Jonasch blieb nach ihrer Lehre aber nicht lange im Buchhändler-Beruf und nach einem längeren Auslandaufenthalt wollte sie ‹alternatives Leben auf dem Lande› versuchen. Im Tessin, wo sie auch heute noch wohnt, lernte sie Ende der 1970er Jahre ihren Mann kennen – ebenfalls einen Basler. «Er ist gelernter Maschinenmechaniker, aber er hat sich dann über die Jahre zu einem Markthändler-Allrounder entwickelt» lächelt sie. In Lugano betrieben sie einen Stand mit Bio-Gemüse, Holzofenbrot und ähnlichem.

Die Basler Herbstmesse ist und bleibt ein Fixpunkt in ihrem Leben. Als jedoch das zweite Kind zur Welt kam, wurde der Aufwand mit zwei parallelen Ständen zu viel, weshalb sie sich dazu entschied, nur noch dem Stand am Petersplatz zu betreiben – wo sie auch heute noch jedes Jahr anzutreffen ist. Daneben kommen die beiden ab und zu auch auf Regionalmärkte in der Region Basel, da ihnen der direkte Kontakt zur Stammkundschaft wichtig ist.
Wie viele ihrer Kunden liebt auch ihr Enkel das Magenbrot von ihrem Stand, welches immer wieder dem Zeitgeist angepasst wurde. Das Rezept ihrer Grosseltern würde heute auf dem Markt nicht mehr bestehen. Astrid Jonasch erklärt: «Wenn Sie das heute jemandem vorsetzen würden, würde der fragen, was ist denn das? Das ist sicher kein Magenbrot!» Das damalige Magenbrot war sehr hart, nach dem Backen tat man es in eine Büchse, wo es mehrere Monate lang geniessbar blieb.

Heute hat sowieso jeder Bäcker sein eigenes, streng gehütetes Geheimrezept. Und da die Geschmäcker nun mal verschieden sind, wird sich die Frage «Wer hat nun das beste Magenbrot?» wohl nie beantworten lassen…

1905 baute Franz Jonasch im Hinterhof der Liegenschaft St. Johanns-Ring 120 eine Fabrik und begann mit der Herstellung von Bonbons, Läggerli und Magenbrot.

Paul Läuppi:
«Yyschtyyge, Blatz näh! Das macht Freude...!»

Paul Läuppis Geschichte ist eng mit der Geschichte des traditionsreichen Calypso-Fahrgeschäfts verbunden. Die erste Calypso-Bahn wurde 1958 von der Firma Mack gebaut – und hatte einen Riesenerfolg. Benannt wurde die Bahn übrigens nach dem afro-karibischen Musikstil, der durch Harry Belafonte zu der Zeit sehr populär war. Am eidgenössischen Musikfest 1966 sah Paul Läuppi die Calypso zum ersten Mal und verlor prompt sein Herz an die fröhlich-bunte Bahn. Er reiste ihr hinterher, wann immer er konnte, traute sich selbst aber lange Zeit nicht, Schausteller zu werden. Das Geschäft war damals im Besitz der Familie Müller. Eines schönen Tages, als einer ihrer Arbeiter unglücklicherweise ausgefallen war, fragte Frau Müller ihn, ob er nicht aushelfen wolle beim Chips Einsammeln. Was man ihn natürlich nicht zweimal fragen musste...
Trotzdem war es zu Beginn nur ein Hobby. Paul Läuppi machte das Lehrerseminar und gab dann während vieler Jahre Unterricht an einer Primarschule. In der Freizeit und am Wochenende aber war er bei seiner geliebten Calypso, sammelte Chips ein, bediente den Fahrstand und sass mit der Zeit sogar an der Kasse.
Paul Läuppis Augen leuchten. So zurückhaltend der breit gebaute Mann mit den dunklen Augen wirkt – wenn er von der Calypso erzählt, kommt Leben in ihn. Umso grösser war der Schock, als die Calypso verkauft wurde. 1985 ging das Geschäft an neue Besitzer, die damit aber nicht zurechtkamen. 1989 stand das heruntergewirtschaftete Geschäft kurz davor verschrottet zu werden. Nun war Paul Läuppis Stunde gekommen. Obwohl ihm von allen Seiten abgeraten wurde, und die Calypso in sehr schlechtem Zustand war, kaufte er sie 1990 und restaurierte das alte Geschäft liebevoll über ein Jahr lang mit Hilfe von Gleichgesinnten.

> «Ich hatte einen schwierigen Start. Damals, vor fast 30 Jahren, war es nicht einfach, wenn man nicht aus einer Schaustellerfamilie kam, und mir wurden viele Steine in den Weg gelegt.»

1991 war es dann soweit: Paul Läuppi hängte seinen Lehrerberuf an den Nagel und wurde Schausteller: «Ich hatte einen schwierigen Start», erzählt er. «Damals, vor fast 30 Jahren, war es nicht einfach, wenn man nicht aus einer Schaustellerfamilie kam, und mir wurden viele Steine in den Weg gelegt.» Aber er liess sich nicht unterkriegen und seit 1998 ist er nun ununterbrochen an jeder Basler Herbstmesse dabei. Legendär ist sein breit gezogenes «Attenzioooon!» mit dem er die Bahn am Mikrofon des Fahrstandes anpreist – oder, wie es im Fachjargon heisst, rekommandiert. Am Anfang stand die Calypso auf dem ‹Barfi› und eroberte schon bald eine kleine Fangemeinde. Im Laufe der Zeit war die Bahn beinahe überall an der Herbstmesse anzutreffen: in der Halle, auf dem Münsterplatz und auch auf der Rosentalanlage. Seit acht Jahren findet man sie nun auf dem Messevorplatz. Leider musste Paul Läuppi auch Negatives erleben, so wurde er 2018 in der Freizeit niederge-

schlagen und leidet noch heute an den Folgen. Trotzdem betreibt er weiterhin die Calypso und leitet dazu auch noch das Sekretariat des Schausteller-Verbands der Schweiz SVS.

Die Geschichte der Calypso wäre aber nicht vollständig ohne Hildi Läuppi, Paul Läuppis Mutter, die leider im November 2019 im Alter von 94 Jahren verstorben ist. Seit 1994 war sie an jeder Messe im Kassenhäuschen anzutreffen. Paul Läuppi meint: «Sie hat sich nie beklagt, obwohl sie zu dieser Arbeit kam wie die sprichwörtliche Jungfrau zum Kind.»

Hildi Läuppi war gelernte Verkäuferin und führte ein Lebensmittelgeschäft. Der Vater starb leider sehr früh, Paul war gerade 16 Jahre alt, und es war für beide keine einfache Zeit. Aber es schweisste sie auch zusammen. Dass der Sohn dann vom ‹seriösen› und sicheren Lehrerberuf zum Schaustellerberuf wechselte, war wohl am Anfang nicht einfach für sie. Aber sie fackelte nicht lange und half, wo sie konnte. In den letzten Jahren bildete sich in Basel sogar ein ‹Hildi Läuppi-Fanclub›. Die Mitglieder kauften ihre Chips nur bei Hildi – und wenn diese grade nicht da war, warteten sie mit dem Kauf, bis die alte Dame wieder in ihrem Häuschen sass.

Paul Läuppi arbeitet natürlich nicht alleine: Es braucht eine Mannschaft von acht bis zehn Leuten zum Aufbauen des Geschäfts. Dieses dauert im Schnitt ca. zwei Tage, der Untergrund muss genau in der Waagrechten sein. Transportiert wird die 44 Tonnen schwere Bahn auf zwei LKW-Aufliegern und einem Anhänger. Einer davon, ein sogenannter Mittelbauwagen, bleibt anschliessend unter der Bahn als Unterbau. Der Abbau geht dann etwas schneller.

Die Musik, die während der Fahrt läuft wird, wenn immer möglich, dem nostalgischen Geschäft angepasst. Oft klingen Oldies aus den Lautsprechern – ausser am Abend, wenn die Jugendlichen die Mehrzahl der Messebesucher stellen. Dann muss auch Paul Läuppi die aktuellsten Hits laufen lassen: «Sonst kommen die Jungen nicht auf die Bahn.» Kleiner Geheimtipp für Insider: Bei der ersten und der letzten Fahrt der Basler Herbstmesse lässt Paul Läuppi jeweils das Lied ‹S'Martinsglöggli› von den ‹Basler Elschtere› (Werner F. Vögelin und Barbara Kleiner) laufen.

Hildi Läuppi verstarb leider 2019 im Alter von 94 Jahren

Hans Peter Maier:
Über 4g wird es kritisch

Mit Tempo 80 wird man in 43 Metern Höhe und mit einer maximalen Beschleunigung von 4g, also dem vierfachen des eigenen Körpergewichts, auf dem Chaos Pendel herumgeschleudert – dies spricht vor allem junge Menschen an, die den Adrenalinkick suchen.

Hans Peter Maier, der Besitzer des Chaos Pendels, ist auf Nervenkitzel spezialisiert. Er war es, der den Freefall Tower mit einer Fallhöhe von 80m nach Basel brachte – eine Sensation. Den Tower hat er mittlerweile wieder veräussert – meist behält er seine Bahnen nur zwei oder drei Jahre und verkauft sie dann weiter, um etwas Neues, noch Ausgefalleneres zu präsentieren. Wobei er selbst sagt: «Verrückter als das Chaos Pendel geht es fast nicht. Wir sind auch von der Beschleunigung her am Anschlag. Mehr als 4g erträgt ein Mensch im Normalfall nicht so gut.» (Die Belastung von Kunstflug-Piloten kann bis zu 8g betragen!)

> «Das Schausteller-Leben ist wie eine Achterbahnfahrt, mal geht es hinauf und mal geht es hinunter.»

Hans Peter Maier wuchs auf der Kilbi auf. Von klein auf reiste er mit den Eltern und ging unterwegs zur Schule. Nach einer Feinmechaniker-Anlehre, wo er Drehen, Schweissen und ähnliches lernte, machte er sich bereits im Alter von 18 selbständig. Hans Peter Maier wirkt zufrieden mit sich und der Welt, hat viel erreicht und gesehen. Die Kilbi ist sein Leben und sein Hobby zugleich, auch wenn die Arbeitstage lang und stressig sein können und der Verdienst von den Launen der Natur und der Menschen abhängt: «Das Schausteller-Leben ist wie eine Achterbahnfahrt, mal geht es hinauf und mal geht es hinunter», meint er.

Neben den Adrenalinkick-Fahrgeschäften betreibt Hans Peter Maier unter anderem ein Riesenrad und eine Kinderachterbahn. Bekannt und populär ist er zudem für sein ‹Glühweinland› in Frauenfeld, das 2019 in die sechste Saison ging. Als viertes und fünftes Standbein hat er einen Imbissstand aufgezogen und eine Glacéfabrik gekauft, mit einem Glacéstand. «Es muss immer etwas laufen», meint er lachend. Seine Frau und die beiden Töchter sind fest mit im Betrieb eingespannt. Daneben hat er 16 Festangestellte. Elf Monate im Jahr ist er auf Achse; nicht nur in der Schweiz, auch in Deutschland und Österreich ist er mit seinen extravaganten Bahnen willkommen. Einen Monat nimmt er sich Ferien: «Dann liege ich am Strand, damit der ‹Ranzen› braun wird, gehe baden und vor allem gut essen und trinken!».

Seine Tochter Gina, eine zierliche Frau mit zurückgebundenen Haaren, sitzt im Kassenhäuschen. Sie hilft im Betrieb wo sie kann, sie hat auch das ‹Lastwagenbillett› gemacht. Im Gegensatz zum angestellten Personal, das feste Pausenzeiten hat, sind die Arbeitstage für sie und ihren Vater länger. Abends, wenn die Angestellten sich bereits ausruhen, muss sie je nachdem noch Transporte fahren, auch feste Essens- oder Pausenzeiten liegen für sie nicht immer drin, vor allem wenn viel Betrieb ist. «Ende Saison sind wir meist alle krank», erzählt sie, «der Körper mag dann einfach nicht mehr und zwingt einen zum Liegen und Ausruhen.»

Was sie und ihren Vater nervt, sind Besucher, die bei Hochbetrieb mit der Stoppuhr neben der Bahn stehen, messen wie lange eine Fahrt dauert (ja, die gibt es!) und dann wegen des Preises reklamieren: «Was die Besucher halt nicht sehen, sind die Fixkosten, die wir haben. Für den Besuch der Herbstmesse mit Platzgeld, Personal, Transport, Strom und Wasser haben wir pro Bahn Kosten von mehreren zehntausend Franken, einfach so, nur damit wir da sind, ohne Amortisation und Verzinsung! Und eine Bahn wie das Chaos Pendel kostet als Neuanschaffung mehrere Millionen. Wenn das Wetter dann schlecht ist und keiner fährt, machen wir Verlust.» Trotzdem sind sie sehr gerne in Basel: «Das Publikum hier ist sehr angenehm.»

Um nochmal zurück zum Chaos Pendel zu kommen: Die meisten überstehen die Fahrt gut und nur sehr wenigen wird es schlecht. Der älteste Fahrgast hatte laut Gina Maier übrigens das stolze Alter von 82 Jahren!

Yvonne Menz:
Selbst ist die Frau

Luftig-bauschig glänzt die rosa Zuckerwatte-Wolke am Holzstab, den Yvonne Menz in der Hand hält, während sie routiniert die Zuckerwatte-Fäden in der Trommel aufwickelt. Seit 1982 (!) steht sie mit einem Zuckerwatte-Stand am Barfüsserplatz und verkauft die süss-klebrige Schleckerei.

> **Mehr aus Jux bewarb sie sich an der Basler Herbstmesse mit einem Zuckerwattestand und Popcorn – und bekam prompt den Zuschlag.**

Sie ist Schaustellerin in der vierten Generation und ist im Wohnwagen gross geworden. Nur die Schulzeit verbrachte sie bei ihrer Urgrossmutter, während die Eltern reisten. Die Familie hatte diverse Fahrgeschäfte, mit denen sie von Kilbi zu Kilbi zog. Ihr Onkel, der sie zum Interviewtermin begleitet, erinnert sich: «Mein Grossvater hat 1919 ein Rössli-Karussell gekauft, das musste man aber noch von Hand antreiben. Da waren immer ein paar junge Leute, die sind ringsum gerannt und haben es angestossen. Sie durften dann als Lohn draufspringen und mitfahren. Eine Fahrt hat damals fünf Rappen gekostet.»

Yvonne Menz machte sich mit 18 selbständig und zügelte nach Basel. Mehr aus Jux bewarb sie sich an der Basler Herbstmesse mit einem Zuckerwattestand und Popcorn – und bekam prompt den Zuschlag. Seitdem hat sich aber viel verändert, wie sie erzählt: «Vor 30 Jahren habe ich gutes Geld verdient, ich konnte auf allen Kilben Zuckerwatte verkaufen. Aber schon nach 5 Jahren haben die Confiserien, die gebrannte Mandeln, Schleckstängel und solche Sachen verkauft haben, auch so eine Maschine gekauft, deshalb musste ich noch ein zweites Standbein suchen. So kam ich zu den Spielwagen: Büchsen werfen, Schiessbude, Pfeilwerfen… Ich hatte auch mal ein Karussell, mit dem ich unterwegs war. Das haben wir aber alles wieder verkauft, jetzt reise ich mit einem Imbisswagen, Zuckerwatte und den Spielwagen.»

> **«Der Kampf ist rüdig, die Konkurrenz untereinander nimmt zu, die Gebühren steigen, und der Arbeitstag ist lang und hart.»**

Aber «der Kampf ist rüdig», wie sie meint; die Konkurrenz untereinander nimmt zu, die Gebühren steigen, und der Arbeitstag ist lang und hart. Frau Menz ist eine grosse Frau mit einer kräftigen, dunklen Stimme. Wenn ihr etwas nicht passt, merkt man das sofort.

Neben der Zuckerwatte verkauft sie an der Herbstmesse und am Weihnachtsmarkt unter anderem auch Schaumküsse oder – auf Baseldytsch und politisch nicht ganz korrekt – Moorekepf. Diese bietet sie in 27 (!) verschiedenen Aromen an. Sie betont: «Ich beziehe sie bei einem deut-

schen Produzenten, und sie haben keine Konservierungsmittel drin, deshalb haben sie ein Ablaufdatum von drei Monaten.» Die Zuckerwatte verkauft sie in zwei Farben, weiss oder rot (Erdbeergeschmack), das mögen die meisten Kinder. Wobei nicht nur Kinder Zuckerwatte lieben. Gerade am Abend verkauft sie viel an Jugendliche, und auch ältere Personen kommen gerne und lassen sich mit der süssen Wolke in ihre Jugend zurückversetzen.

Einmal hätte es jedoch mit der Herbstmesse beinahe nicht geklappt. Auf dem Weg zum Aufstellen auf dem ‹Barfi› hatte sie mit ihrem Wagen wegen eines Geisterfahrers einen Unfall, und die Achse des Anhängerwagens mit dem Stand brach. Aber sie wusste sich zu helfen. Der Wagen mit dem Anhänger wurde abgeschleppt und zum Barfi gebracht, wo sie einen Kran organisiert hatte. Der Anhänger wurde mitsamt der gebrochenen Achse auf Böcke gestellt – die Herbstmesse war gerettet!

Roger Michel:
Jeder bekommt eine Extrawurst

Seit 1968 ist der Grillstand der Familie Michel ununterbrochen an der Herbstmesse auf dem Petersplatz anzutreffen, das heisst, 2018 feierte er das 50-jährige Jubiläum.
Vater Michel betrieb anfangs mit seiner Frau zusammen eine Bäckerei und zusätzlich eine Glacéfabrik. Aber irgendwann wurde ihm beides zusammen zu viel. Er gab die Glacéfabrik auf und eröffnete stattdessen einen Grillstand an der Herbstmesse.

Sein Sohn Roger Michel, der heute hinter dem Wurststand steht, erinnert sich: «Als ich und mein Bruder sieben, respektive acht Jahre alt waren, haben wir jeden Tag einen Anhänger mit Brot und Brötchen für Hotdogs und Hamburger beladen und brachten ihn dann von der St. Johanns-Vorstadt an den Petersplatz, damit sie am Stand frische Ware hatten. Das kam alles von unserer Bäckerei, die als Einmannbetrieb mehr oder weniger rund um die Uhr lief. Und als ich 16 war, hiess es: ‹Roger, geh Hotdogs holen›. Also stieg ich auf mein ‹Töffli›, landete aber statt in der Bäckerei in der Notaufnahme. Ausgerechnet eine Krankenschwester öffnete ihre Autotüre ohne aufzupassen, und ich bin dann in einen Betonpfosten gefahren… Aber zum Glück ist alles gut verheilt.»

> «Als ich und mein Bruder sieben, respektive acht Jahre alt waren, haben wir jeden Tag einen Anhänger mit Brot und Brötchen für Hotdogs und Hamburger beladen und brachten ihn dann von der St. Johanns-Vorstadt an den Petersplatz, damit sie am Stand frische Ware hatten.»

Roger Michel erzählt locker und man merkt, dass der Stand und seine Geschichte ihm am Herzen liegen. Seine Stimme ist angenehm weich und melodiös, und er wirkt jugendlich, obwohl sein älterer Sohn bereits 20 ist.
Als der Vater starb, gab die Mutter die Bäckerei auf, auch weil sie eine Mehlstauballergie entwickelte, und keines der Kinder Bäcker lernen wollte. Stattdessen machten beide Söhne eine Lehre als Elektromonteur.
Am Stand ist nur Roger Michel anzutreffen. Er ist der einzige der Familie, der selbständig erwerbend ist und sich deshalb überhaupt für die Herbstmesse Zeit nehmen kann: «Die Leute stellen sich die Teilnahme an der Herbstmesse einfach vor, aber ich wende insgesamt rund 550 Stunden dafür auf, also etwas über drei Monate, inklusive der Vor- und Nachbereitung. Unser Arbeitstag beginnt um 07.00 Uhr morgens. Da bringen wir die Grillplatten und Gitter vom Stand in unser Lager im St. Johann, wo alles gründlich geputzt wird. Etwa um 09.00 Uhr kommen die ersten Lieferanten an den Stand. Dann muss alles durchgezählt werden, und wir müssen den Stand putzen und bereit machen, damit wir so gegen zehn bis halb elf anfangen können. Wir schliessen

um 20.00 Uhr und sind dann mit dem Zusammenräumen gegen halb neun Uhr abends fertig. Das sind schon mal gut 14 Stunden. Dann muss ich zuhause noch die ganzen Bestellungen für den nächsten Tag machen; bis ich ins Bett komme, ist es halb zehn.»

Roger Michel selbst kommt nur noch selten und nur kurz dazu, über die Herbstmesse zu schlendern, dafür ist er zu sehr eingebunden: «Ich muss ja auch noch die Abrechnungen, Buchhaltung und die Einteilungen machen, wer wann arbeitet.» Am Stand helfen vor allem Familie und Freunde mit.

> Die Würste kommen seit über 20 Jahren von der Metzgerei Jenzer, und zwar in einer Spezialgrösse, welche die Metzgerei extra für Roger Michel produziert. Sie sind deshalb etwas grösser als üblich.

Der Grillstand hat, dank der langjährigen Präsenz, eine grosse Stammkundschaft. Das zu den Würsten servierte Brot wird übrigens von einem externen Bäcker nach dem eigenen Familien-Rezept gebacken. Die Würste kommen seit über 20 Jahren von der Metzgerei Jenzer, und zwar in einer Spezialgrösse, welche die Metzgerei extra für Roger Michel produziert. Sie sind deshalb etwas grösser als üblich. Doch nicht nur Fleischliebhaber kommen am Stand auf ihre Kosten, auch für Veganer ist gesorgt: Für diese bietet Roger Michel nämlich einen Gemüseburger an.

Selmeli Ratti:
Kinder, Hühner und ein grosses Herz

Selma Ratti, liebevoll Selmeli genannt, ist und bleibt ein unvergessenes Basler Original, auch wenn sie ihre geliebte Heimatstadt am 12.02.2014 im Alter von 95 Jahren für immer verlassen musste. Selmeli Ratti wurde am 02.07.1918 geboren und kam im Alter von drei Jahren in eine liebevolle Pflegefamilie. Leider starb die Pflegemutter vier Jahre später. Als Selmeli 13 Jahre alt war, riss die leibliche Mutter das Kind aus der Pflegefamilie und nahm es zu sich. «Es war die Hölle auf Erden – was ich dort mitgemacht habe, kann ich niemanden erzählen», mehr wollte Selmeli zu diesem Thema nicht sagen.

Trotz – oder vielleicht gerade wegen – dieser tragischen Kindheit besass Selmeli ein riesengrosses Herz. Eines ihrer Lebensmottos lautete: «Für andere Menschen da zu sein, das ist meine Vorstellung von Lebensqualität!»

> Eines ihrer Lebensmottos lautete:
> «Für andere Menschen da zu sein, das ist meine Vorstellung von Lebensqualität!»

Im Jahr 1936 arbeitete Selmeli zum ersten Mal als ‹Demonstrantin› an der Herbstmesse. Das heisst, sie führte diverse Artikel wie kleine Haushaltsgeräte an einem Stand vor, und versuchte, diese an den Mann, respektive die Frau zu bringen. Am Anfang war sie sehr schüchtern, lernte aber bald dies abzulegen und wurde dann rasch für ihr Mundwerk berühmt. Ab 1938 arbeitete sie als Verkäuferin in der Rheinbrücke (heute Manor). Dort sah sie auch zum ersten Mal eine Popcorn-Maschine und probierte die Herstellung von Puffmais zu Hause in einer Pfanne aus. Um 1950 verkaufte sie zum ersten Mal an der Herbstmesse Popcorn (‹Hienerfueter›), das zu ihrem Markenzeichen werden sollte. Später wurde das Sortiment ergänzt mit Bienenwachsartikeln und anderem mehr.

Aber ihre grösste Leidenschaft war, den Menschen zu helfen. Im Laufe ihres Lebens adoptierte sie vier Kinder und nahm insgesamt 53 (!) Mädchen und Buben für kürzere oder längere Zeit bei sich auf, wenn die Fürsorge wieder einmal dringend einen Notfall-Platz brauchte.

Der Nachname Ratti stammt von ihrem dritten Ehemann Elvezio Ratti. Elvezio war ein diplomierter Tessiner Lehrer, der Anfang der 1950er Jahre auf Arbeitssuche nach Basel zog und bei den SBB eine Stelle als Zugführer fand. Elvezio Ratti wurde Selmelis Untermieter – und mit der Zeit auch mehr. Sie heirateten 1963 und Selmeli betonte immer: «aber dä Ratti Maa isch mir zur Sytte gstande, sunscht wär das nit gange!»

Beim Petersplatz war auch Selmelis letzter Wohnort – den sie nicht nur mit unzähligen Kindern, sondern auch mit Tieren teilte. Besonders Hühner hatten es ihr angetan. Einmal zog sie dort ein junges Küken auf, das sie ‹Rooseli› nannte. Doch anstatt nach ein paar Monaten Eier zu legen, begann Rooseli zu krähen – es war ein Hahn!

Am meisten in Erinnerung aber bleibt Selmelis Engagement, bedürftigen Kindern und Erwachsenen Gratisfahrten in den Europapark zu ermöglichen. Hier kam ihr ein weiteres Lebensmotto zu Hilfe: «Was de au machsch, hesch immer Glück. Nur fräch muesch si».

Das Ganze begann damit, dass sie nicht genug Geld hatte, um ihren Schützlingen, mit denen sie zum Park gefahren war, den Eintritt zu bezahlen. So klopfte sie laut am Eingang und verlangte, die Familie Mack, die den Park führt, zu sprechen. Roland Mack erinnert sich: «Sie hat mich gleich geduzt und kam sofort zur Sache, der Deal war, ich soll sie kostenlos in den Park lassen und sie werde in Basel, wo sie jeder kenne, Werbung für den Park machen. Bei dem Schnabel konnte man nicht Nein sagen.»

An der Herbstmesse stand von da an jeweils immer ein grosser roter Topf mit weissen Tupfen auf der Verkaufsfläche des Standes. Hier konnte man für die Fahrten in den Park spenden, die Selmeli nun regelmässig organisierte. So kam es, dass Selmeli Ratti zusammen mit der Familie Mack insgesamt über 600 Gratisfahrten organisierte und somit fast 30 000 Menschen einen unvergesslichen Tag bescherte. Getreu ihrer Grundhaltung: Sei immer für andere da.

Eine besondere Beziehung verband sie auch mit Marcel ‹Cello› Brenner, der heute den Popcornstand an der Herbstmesse weiterführt. Seit 1994 stand er ihr zur Seite und half, wo er nur konnte, obwohl er selbst kein einfaches Leben hatte. Man trifft ihn fast jeden Samstag auch am Flohmarkt auf dem Petersplatz. Aber der Herbstmessestand ist der gleiche geblieben, wie ihn Selmeli jahrelang geführt und berühmt gemacht hat.

‹Cello› Marcel Brenner

Lena Roie:
Unsere Pferde werden jeden Morgen poliert

Lena Roie (ausgesprochen Rojee), einer lebhaften jungen Frau mit langen, blonden Haaren, wurde die Schaustellerei von beiden Elternteilen in die Wiege gelegt. Ihre Mutter ist Schaustellerin in zwölfter (!) Generation, ihr Vater in fünfter. Der Familienname wird zwar französisch ausgesprochen, aber ohne ‹accent aigu› geschrieben. «Wir waren ursprünglich hugenottische Handelsleute, die irgendwann nach Deutschland gekommen sind», erzählt sie. «Der Opa hat immer gesagt, dass da früher tatsächlich ein Akzent drauf war, dass dieser aber während dem Krieg verloren gegangen ist. Als Kind habe ich das nie verstanden, und ich habe mich immer gefragt, wo ist er denn hin, der Akzent, und warum hat man ihn nicht mehr gefunden…?»

Die Familie Roie ist in verschiedenen Bereichen tätig. Neben mehreren Fahrgeschäften betreiben sie auch mobile Gastronomie mit einem Weindorf und verschiedenen Verpflegungsständen. An der Basler Herbstmesse sind sie mit dem beliebten Doppelkarussell in der Mitte des Petersplatzes vertreten. Trotzdem war sich Lena Roie anfangs nicht sicher, ob das Schausteller-Gewerbe wirklich das Richtige für sie ist: «Ich habe mich lange dagegen gewehrt, weil ich unbedingt noch etwas anderes sehen wollte – ich wollte auch die andere Welt ausserhalb der Schaustellerei kennenlernen.» Ihre ausdrucksstarken Augen leuchten, während sie ihre Geschichte erzählt, und immer wieder streicht sie ein paar Haare aus dem Gesicht, die sich dorthin verirrt haben.

> «Ich habe mich lange dagegen gewehrt – ich wollte auch die andere Welt ausserhalb der Schaustellerei kennenlernen.»

Sie machte – mit dem Segen der Familie – eine Ausbildung zur Hotelfachfrau und arbeitete fast zehn Jahre in der Hotelbranche, ein Jahr davon verbrachte sie in einem Hotel in Miami, USA. Allerdings half sie während dieser ganzen Zeit der Familie – sogar aus Miami flog sie extra für den Frankfurter Weihnachtsmarkt zurück nach Deutschland, um der Familie dort unter die Arme zu greifen. «Am 23. Dezember musste ich wieder zurück nach Miami fliegen, da ich wieder arbeiten musste, das war sehr, sehr hart.»

Sie ist ihrer Familie dankbar, dass diese ihr eine Ausbildung ausserhalb der Schaustellerei ermöglichte. «Als kleine Kinder, wenn Mama und Papa umher reisten, waren mein Zwillingsbruder, mein älterer Bruder und ich viel bei Oma und Opa. Bei uns war es so, dass meine Eltern sich ihre Route quasi aufgeteilt haben, so dass wir während der Schule immer in der Nähe waren, und in den Ferien dann wirklich ausserhalb, wo man weit fahren musste. Und wenn Oma und Opa keine Zeit hatten, dann ist meine Mama jeden Morgen aufgestanden, hat uns zur Schule gefahren und nachmittags wieder abgeholt und stand dann den ganzen Tag im Geschäft. Es ist auch absolut nicht selbstverständlich, dass ich eine andere Ausbildung machen konnte. Ich kenne viele Schaustellerfamilien, wo das nicht möglich ist; die Kinder sind so stark eingebunden, dass es gar nicht ohne deren Hilfe geht.» Schliesslich entschied sie sich doch, bei Mama und Papa ins Geschäft einzusteigen, allerdings mit der Hauptausrichtung Gastronomie. «Mein Schlüsselmoment war, als ich in Miami mit Freunden auf eine Riesen-Kirmes ging. Ich war schon zehn Monate in den USA und hatte eigentlich nie Probleme mit Heimweh. Aber als ich auf dieser Kirmes war, da hat es mich gepackt. Ich glaube, ich habe mich in meinem ganzen Leben noch nie so nach Hause gesehnt. In dem Moment habe ich gedacht, OK – vielleicht sollte ich das doch machen!»

Als Kind ist sie zusammen mit ihrem Zwillingsbruder im Wohnwagen aufgewachsen und kennt die viele Arbeit, die ein Schaustellerdasein mit sich bringt. Aber man sieht und hört ihr an, dass sie sehr viel Herzblut hineinsteckt – wie die ganze Familie: «Der Opa hat immer gesagt, Perfektion zeigt sich in kleinen Details. So wird jeden Morgen kontrolliert, dass wirklich jede Lampe geht, und die Pferde werden jeden Morgen poliert, damit alles perfekt aussieht. Der hat das uns allen eingetrichtert und weitergegeben. Und unser Papa ist jetzt genauso. Obwohl er es nicht zugibt…» Es schmerzt sie deshalb doppelt, wenn sie von Besuchern beschimpft werden (alles schon vorgekommen), weil diese die Preise zu hoch finden: «Wir müssen doch auch davon leben, und wir haben einen grossen Logistik- und sonstigen Aufwand. Wir versuchen, unsere Preise immer so zu halten, dass auch Familien sich das leisten können!» Auch selbst dreht sie immer noch mal gerne eine Runde auf dem Karussell – das sie mit vielen schönen Kindheitserinnerungen verbindet. Und die strahlenden und staunenden Kinderaugen bereiten ihr immer viel Freude. Gerne erzählt sie, dass ihr ältester Fahrgast in Basel ein 105-jähriger war, der ganz alleine Karussell fuhr und sichtlich Freude daran hatte. Ihre Mutter, die damals an der Kasse sass, schenkte ihm daraufhin zwei Gratisrunden.

> Schausteller sind nicht nur direkt – man weiss sehr schnell, woran man bei ihnen ist – sondern oft auch sehr abergläubisch.

Schausteller sind nicht nur direkt, (man weiss sehr schnell, woran man bei ihnen ist), sondern oft auch sehr abergläubisch, wie Lena Roie erzählt. (Wohl kein Wunder bei einem Geschäft, wo man von so vielen Unwägbarkeiten abhängig ist). So gibt es diverse Rituale, welche die meisten Schausteller kennen und automatisch beherzigen. Viele davon drehen sich dabei um die Neueröffnung eines Geschäftes. In Deutschland, wie Frau Roie erzählt, wirft man am ersten Tag, wenn ein neues Geschäft eröffnet wird, Pfennige hinein. Diese werden bis zum Abend liegen gelassen und dann in ein hübsches Kästchen verpackt; dieses bleibt als Glücksbringer immer im Geschäft, komme was wolle. Auch wird die erste Banknote, die man einnimmt, eingerahmt und an die Wand gehängt. Zudem sollte es am Tag einer Geschäftseröffnung regnen, das bringt ebenfalls Glück!

Das Karussell selbst ist seit 30 Jahren im Familienbesitz. Lena Roie, die jetzt Mitte zwanzig ist, ist damit aufgewachsen und war in den 18 Jahren, in denen die Familie auf der Basler Herbstmesse gastierte, jedes Mal dabei. Sie schätzt die gemütliche Atmosphäre auf dem ‹Petis› und freut sich immer wieder, hier zu sein. Beeindruckt ist sie von den Manieren der Kinder: «Ich finde es toll und habe am Anfang ein bisschen gestaunt, wenn ein Kind selbst zahlt, und dann ‹Dankeschön› und ‹Bitteschön› sagt!» – Etwas, das sich auch mancher Erwachsene zu Herzen nehmen könnte…

Jeffery Sandragesan: vom Gewürzstand zum Steakhouse

Seine Stimme ist leise und der Akzent noch immer gut hörbar. Jeffery Sandragesan sitzt aufrecht im Stuhl und lächelt sanft, während er die Fragen beantwortet:
Geboren in Malaysia in ärmlichen Verhältnissen, ist Jeffery, wie alle Welt ihn nennt, heute ein Freund und Vertrauter des malaysischen Königs – eine erstaunliche Karriere. Er erzählt, wie alles begann: «In indischen Familien ist es Tradition, dass Buben nicht in der Küche sein dürfen. Die Küche ist für Frauen. Aber als Kind hatte ich immer Freude, wenn meine Mutter gekocht hat. Da ging ich schon in die Primarschule, aber es hat mich interessiert, wie macht sie das alles, wie entstehen die Gewürzmischungen? Mein Vater war ‹hässig›, wenn ich in der Küche war. Er hat immer gesagt, das ist nichts für Männer.» Jeffery lacht, als er sich erinnert.

> «In indischen Familien ist es Tradition, dass Buben nicht in der Küche sein dürfen. Die Küche ist für Frauen.»

1973 kam Jeffery Sandragesan über Umwege nach Basel, da war er gerade 24 Jahre alt, und blieb – der Liebe wegen. An der Uni Basel studierte er Turnlehrer, eröffnete aber bald am Marktplatz einen kleinen Stand mit Gewürzen und stiess damit in der Stadt auf grosses Interesse. «Der Basler ‹Daig› hat bei mir eingekauft und gefragt, ob ich nicht für sie kochen könnte. Am Freitag und Samstag war ich dann jeweils bei einer Familie und habe dort für 15 bis 20 Personen gekocht.»

An die Herbstmesse kam er zufällig: «Als ich studierte, wurde ich angefragt, ob ich einen Steak-Stand an der Herbstmesse führen könne. Danach bekam ich eine Bewilligung für einen eigenen Gewürzstand und konnte den Steak-Stand übernehmen. So hatte ich dann zwei separate Stände an der Herbstmesse und konnte so meine eigenen Steaks anbieten.»

Am Anfang kochte Jeffery in einer angemieteten Küche am Nadelberg. Neben den Steaks bot und bietet er auch andere Spezialitäten an – der Erfolg war überwältigend. Um dem Ansturm vom Platz her gerecht zu werden, kam der Bewilligungschef von der Polizei vorbei und gab ihm kurzerhand einen neuen Standplatz, wo er noch heute zu finden ist.

Kochen ist für ihn höchste Kunst. «Dazu muss man nicht in die Schule gehen», meint er: «It's a feeling, man muss die Liebe zum Kochen haben!» Er kocht indisch, malaysisch, chinesisch, thailändisch und selbstverständlich auch europäisch und schweizerisch. Er selbst ist einer feinen Kalbsleber mit Rösti nicht abgeneigt.
Jeffery hat seine Wurzeln, die schwierigen Verhältnisse seiner Jugend, nie vergessen und unterstützt heute mehrere Stiftungen und Vereinigungen zu Gunsten benachteiligter Kinder, der

Sportförderung und auch zum Schutz der Artenvielfalt. Daneben ist er Honorarkonsul für Malaysia. Was ihn vor allem freut, sind die zahlreichen Freundschaftsbande, die er in Basel knüpfen konnte. Sein schönstes Erlebnis an der Herbstmesse ist die Geburt seiner Tochter, die genau dann das Licht der Welt erblicken wollte: «Ich habe alles Essen verschenkt und den Laden um 15.00 Uhr zugemacht. Dann bin ich mit der ganzen Mannschaft ins Spital!»

Am Anfang jeder Herbstmesse kauft Jeffery Chips für die Rösslirytti, die er dann an Kinder weiterverschenkt – einfach so. Er macht gerne Leute ‹happy›, wie er sagt, und ist davon überzeugt, dass alles im Leben zurückkommt. Das Leben hat ihm recht gegeben.

Pascal Steiner:
Fahrt in den Dschungel

Der Basler Pascal Steiner kam über seinen älteren Bruder zur Wiener Prater-Geisterbahn. Bereits im Alter von 17 Jahren organisierte sich Philippe Steiner dort einen Aushilfsjob, und Erstklässler Pascal (sein Bruder war zehn Jahre älter als er) verbrachte jede schulfreie Minute damit, dem grossen Bruder dabei zuzusehen, wie dieser Tickets einsammelte und auf der Bahn half.
Die Schaustellerei war für beide Brüder ein Kindheitstraum und die Herbstmesse das Highlight des Jahres, obwohl die Eltern mit dem Herbstmesserummel (der Vater war leitender Buchhalter, die Mutter Schneiderin) nicht viel anfangen konnten.
So machte Pascal Steiner zuerst eine traditionelle Banklehre und schulte später zum Programmierer um. Obwohl ihm das Programmieren leichtfiel, erfüllte ihn der Job jedoch nicht.
1992 stand dann die alte Geisterbahn zum Verkauf, da der Vorbesitzer altershalber aufhörte. Da griffen er und sein Bruder zu und kauften die Bahn. Aber die Sterne standen nicht gut. Die Bahn war alt und heruntergekommen, und sie bekamen im darauffolgenden Jahr keine Bewilligung für die Basler Herbstmesse, was für sie ein Schock war – schliesslich war das Geschäft von 1952 bis 1992 ununterbrochen immer an der Herbstmesse aufgestellt gewesen. Also beschlossen sie, die Bahn einer umfassenden Renovation zu unterziehen. Es war kein einfaches Unterfangen, und Philippe Steiner starb 2007, bevor es vollendet war.

Bei der Restaurierung entdeckten sie alte Malereien mit Dschungelmotiven und einen Schriftzug: ‹Fahrt in den Dschungel›. Vermutlich stammt die Schienenbahn aus den 1930er Jahren und war als Fahrt durch den Urwald konzipiert. Einige der ursprünglichen Figuren sind sogar noch erhalten, so ein geschnitzter hölzerner Waldmensch mit einem farbigen Filzpapagei auf der Brust, der heute mit einer Maske als Geistererscheinung fungiert. Wichtig war den Brüdern vor allem, das Alte so weit wie möglich zu erhalten. Die Bahn ist zum grössten Teil aus Holz, was man auch am Geruch bemerkt, wenn man darauf fährt; dies trägt zum Charme des alten Fahrgeschäftes bei. Auch die Fassade ist so originalgetreu wie möglich. Wo jedoch der Name ‹Wiener Prater-Geisterbahn› nun herstammt, weiss niemand mehr so genau. Auf der Bahn gibt es sogar einen echten Totenkopf. Dieser stammt von einem Skelett, das ursprünglich in einer Arztpraxis stand.

> Auf der Bahn gibt es sogar einen echten Totenkopf. Dieser stammt von einem Skelett, das ursprünglich in einer Arztpraxis stand.

Seit 2013 steht die renovierte Geisterbahn nun wieder regelmässig in der 80er Jahre-Halle und ist beliebt wie eh und je. Der Aufwand für die Bahn ist jedoch gross: es braucht vier Lastwagenanhänger und zwei Autoanhänger für den Transport, und zehn Leute sind vier Tage lang mit dem Aufbau beschäftigt.

Genau kann sich auch Pascal Steiner die Faszination nicht erklären, welche die alte Geisterbahn ausstrahlt. Ein Faktor ist vielleicht die grosse Dunkelheit in der Bahn: «da erschrickt man viel mehr», meint er. Selbst ist er übrigens als Kind und Jugendlicher lange nicht damit gefahren, da die Dunkelheit ihm Angst machte. Auch heute kommt es manchmal vor, dass ein Kind wieder aussteigen will, weil es Angst hat. «Dann bekommt es den Chip natürlich zurück, es soll niemand gezwungen werden! Aber die meisten kommen mit Freude aus der Bahn heraus.»

Das ist Pascal Steiner auch heute noch das Allerwichtigste: Mit seiner Bahn den Leuten eine Freude zu bereiten.

Hanspeter Stern und Nicole Jost: viele, viele bunte Plättchen

Magenmorsellen, die beliebte süsse Verführung, gibt es an der Basler Herbstmesse seit 1899 (!) zu kaufen, damit ist der Magenmorsellen-Stand wohl einer der ältesten überhaupt.

Die Geschichte beginnt mit einem Thüringer Apotheker namens Carl Thon, der 1899 diese Spezialität erstmals an der Herbstmesse verkaufen wollte. Da der Transport nicht einfach war, zog er es vor, die Magenmorsellen lieber direkt vor Ort herzustellen und suchte dafür eine Küche. Diese fand er bei den Urgrosseltern von Hanspeter Stern, der heute den Stand betreibt. Dort brutzelte und köchelte er jedes Jahr, sehr zur Begeisterung seines Sohnes, der dem Treiben mit grossen Augen zusah.

1931 kaufte Hanspeter Sterns Grossvater dem Apotheker das Rezept ab und bot 1932 zum ersten Mal die farbigen Plättchen selbst an. In den 1960er Jahren übernahm eine Tante von Herrn Stern das Geschäft und in den 90er Jahren sein Cousin. Seit 2012 nun führt er es selbst, zusammen mit Nicole Jost, seiner Geschäftspartnerin.

«Der Zucker ist sehr heiss, und wenn Spritzer auf die Haut fallen, gibt es ein kleines Loch, wir haben alle kleine Narben an den Händen und Armen.»

Im ‹richtigen Leben› ist Hanspeter Stern gelernter Jurist und Unternehmensberater, während Nicole Jost Marketingspezialistin und Eventmanagerin ist. Während dreier Monate vor und teils auch während der Messe produziert Nicole Jost die Magenmorsellen in Handarbeit in einer eigens dafür gemieteten Küche, die (im Gegensatz zur Küche der Urgrossmutter) den heutigen Hygiene-Vorschriften entspricht. Sie kümmert sich auch um den Verkauf, während Hanspeter Stern lieber im Hintergrund bleibt und alles rund um Vorbereitung, Standauf- und abbau, Administration und Buchhaltung erledigt.

Die Magenmorsellen-Herstellung ist Schwerarbeit, wie Nicole Jost schmunzelnd erzählt: «Die Magenmorsellen-Produktion ist mein Fitnessprogramm. Ich verliere dabei jedes Mal mehrere Kilos.» Die Produktion hinterlässt aber auch andere Spuren, wie Hanspeter Stern erklärt: «Der Zucker ist sehr heiss, und wenn Spritzer auf die Haut fallen, gibt es ein kleines Loch, wir haben alle kleine Narben an den Händen und Armen. Und den Fehler, dann mit der Zunge darüber zu schlecken, macht man nur einmal…»

Magenmorsellen gibt es schon seit dem 17./18. Jahrhundert. Erfunden wurden sie als Medizin gegen Sodbrennen. Der Begriff ‹Morselle› oder ‹Morsulus› stammt aus dem lateinisch-französischen und bedeutet ‹kleiner Bissen› oder ‹Happen›.

Das besondere an den Magenmorsellen ist die spezielle Kristallstruktur des Zuckers, die durch die verwendete Herstellungsmethode entsteht. Die Morsellen sind zwar hart zum Anfassen, zerfliessen aber sofort, sobald sie mit Feuchtigkeit, respektive dem Speichel im Mund, in Berührung

kommen. Dies macht auch einen grossen Teil ihres Reizes aus. Zwar sind sie sehr lange haltbar, werden aber mit der Zeit so hart wie ‹Däfi›, deshalb werden sie für jede Messe immer frisch produziert.

Hanspeter Stern und Nicole Jost legen grossen Wert auf hochwertige Zutaten. Die Fruchtessenzen und Gewürze, die sie für die Herstellung der verschiedenen Aromen benötigen, beziehen sie seit bald 80 Jahren beim gleichen Lieferanten.

Obwohl es den beiden wichtig ist, die Tradition zu erhalten, versuchen sie auch gern Neues. Die zwölf traditionellen Sorten haben sie mit acht neuen Geschmacksrichtungen ergänzt, die sehr gut ankommen.

Übrigens kann man mit Magenmorsellen auch sonst so einiges ‹anstellen›: Eine Bekannte von Hanspeter Stern macht sich aus Ingwermorsellen und heissem Wasser eine Art Ingwertee. Beliebt ist auch (gerade beim Kindergeburtstag) ein Kuchen, in dessen Teig kleine Magenmorsellenstückchen eingearbeitet werden. Diese ergeben dann farbige Punkte und Streifen. Auch ein Stück Himbeermorselle im Sektglas ergibt tolle Spezialeffekte, wenn die rote Farbe langsam nach oben steigt.

Und das nächste Projekt ist bereits in Vorbereitung: Hanspeter Stern und Nicole Jost suchten nach Möglichkeiten, die nicht verkauften Morsellen weiterzuverwenden. Dabei kamen sie auf die Idee, damit Zuckerpeelings herzustellen. Die übrig gebliebenen harten Morsellen werden dazu in einer bestimmten Stärke gemahlen und mit verschiedenen Ölen gemischt. Noch sind sie in der Versuchsphase, aber man darf gespannt sein!

Nicole Jost

Jacqueline Strupler:
von der Missionarstocher zur Schiessbudendame

Auf den ersten Blick erfüllt Jacqueline Strupler alle Klischees, die man mit einer Schiessbudendame verbindet: Langes blondes Haar, enganliegende Hosen, Fransenjacke und lange Fingernägel. Erst auf den zweiten Blick bemerkt man, wie genau einen die hellen Augen mustern und wie bestimmt und sicher sie sowohl mit den Kunden als auch mit den Gewehren umgeht.
Der Weg dahin war allerdings lang. Aufgewachsen ist Jacqueline Strupler nämlich in einer Missionarsfamilie – beide Brüder arbeiten heute als Missionare bei einem Projekt in Kambodscha. Die ersten Lebensjahre verbrachte sie in der Schweiz und dann in den USA, bevor sie mit ihren Eltern mit 17 wieder in die Schweiz zurückkehrte. Hier machte sie eine KV-Lehre, die sie später für ihr Geschäft gut brauchen konnte. Dann, ca. Mitte der 90er Jahre, rief eine gute Freundin sie an, die eine Schiessbude besass, und fragte ob Jacqueline ihr eventuell in der Bude aushelfen würde. Wie aus der Pistole geschossen kam sofort die Antwort: «Nein… nicht tot in einer Schiessbude! Stell Dir vor, mich kennt jemand, ich würde mich so schämen.» Aber man soll niemals nie sagen…

> «Nein… nicht tot in einer Schiessbude! Stell Dir vor, mich kennt jemand, ich würde mich so schämen.»

Jedenfalls meldete sich dieselbe Freundin vier Jahre später nochmals mit der gleichen Frage – aber diesmal in Tränen aufgelöst, da ihre Aushilfe kurzfristig erkrankt war, und sie niemanden sonst fand, der einsprang. «Wo ist denn die Kilbi?», fragte Frau Strupler nach. Als sie erfuhr, dass die Kilbi in Kloten sei, erklärte sie sich bereit, ausnahmsweise auszuhelfen, da sie nicht damit rechnete, dort jemanden zu treffen, der sie kannte, was ihr noch immer wichtig war.
Besagte Freundin arbeitete sie eine Stunde lang ein und verschwand anschliessend während vier Stunden zum Kaffee trinken. Und diese Zeit reichte, um Jacqueline Strupler mit dem Kilbi-Virus anzustecken. Sich mit den Kunden zu unterhalten fiel ihr nicht schwer, denn schon von klein auf war sie sehr kommunikativ und sprach bei den wöchentlichen Kirchenbesuchen mit den Eltern oft vor vielen Leuten. So kam ihr das: «Mol schüsse, mol schüsse?» leicht über die Lippen.
Als die Freundin schwer erkrankte, betrieb Frau Strupler die Bude für sie eine Zeitlang weiter, bis das nicht mehr ging. Dann kaufte sie ihr, mit dem Segen der Eltern, die Schiessbude ab. Das ist mittlerweile gute 20 Jahre her.

Während der ersten zehn Jahre arbeitete sie zusätzlich zur Schaustellerei ‹nebenbei› zu 100%. Das bedeutete für sie: praktisch keine Freizeit mehr während der Kilbisaison, ständiges Herumreisen, und immer wieder neue Situationen, auf die sie sich einstellen musste. Das war nicht einfach, vor allem als Frau alleine in einer Schiessbude, was auch noch heute eher als Männerdomäne gilt. Entsprechend viele Steine wurden ihr in den Weg gelegt. Aber sie liess sich nicht unterkriegen, in ihren Worten: «Ich sehe zwar aus wie Zucker, aber ich bin nicht aus Zucker!» Sie macht alle ihre Transporte selbst, bockt auf und ab, stellt die Bude auf, und führt den Wohnwagen. Wie sie von sich selbst sagt: «Ich bin Sternzeichen Wildsau – man darf auf keinen Fall zimperlich sein. Es gibt dreckige Hände, Hornhaut und kaputte Nägel. Und man ist bei jedem Wetter draussen.»

> «Ich bin Sternzeichen Wildsau – man darf auf keinen Fall zimperlich sein. Es gibt dreckige Hände, Hornhaut und kaputte Nägel. Und man ist bei jedem Wetter draussen.»

2012 baute sie eine neue Bude, da die alte nun über 40-jährig war, und man ihr das Alter auch ansah. Wichtig war ihr vor allem, dass sie genau gleich aussah. Einen grossen Teil der Arbeit machte sie selbst, so unter anderem die ganze Verkabelung der Lämpchen, die Montage der Teppiche und Riffelbleche und die Nägel an den Wänden. Spontan meint sie dazu: «Ich würde nie mehr selber eine Schiessbude bauen… Soviel Schweiss, Blut und Tränen hat es gekostet. Ich muss sagen, mein ganzes Herzblut steckt dort drin.»

Falls Sie, lieber Leser, für Ihre Angebetete allerdings eine Rose schiessen möchten, sind Sie bei der Pink Pearl-Schiessbude am falschen Ort. Jacqueline Strupler ist es wichtig, dass die Preise, die es zu gewinnen gibt, ihr selbst auch gefallen. Und die üblichen Stoffrosen findet sie grässlich. Wie sie glaubt: «Zwar sind die meisten Frauen höflich und bedanken sich natürlich für die Rose, aber innerlich denken sie meistens: nicht schon wieder so ein Staubfänger…» Deshalb gibt sie lieber kleine Plüschherzli oder Bärchen als Gewinn heraus.

Selbst trifft sie mittlerweile alles, wenn sie am Stand schiesst. Sie verwendet, wie viele andere auch, das Luftgewehr Modell 30 von Diana. Die Gewehre müssen genau funktionieren, deshalb lässt Jacqueline Strupler ihre Waffen auch von einem professionellen Büchsenmacher in ihrem Wohnort warten, revidieren und pflegen. Schliesslich kennt auch sie das Klischee der ‹um die Ecke schiessenden Gewehre›, wogegen sie sich energisch wehrt.

Was sie in Basel speziell schätzt, sind die persönlichen Kundenkontakte. Mittlerweile kommen schon Erwachsene vorbei, die als Kind an ihrem Stand schiessen gelernt haben, und stellen ihr nun die Frau oder Partnerin und sogar die Kinder vor mit der Anweisung: «Hör gut zu und mach was die Frau sagt …Dann triffst du auch!»

Übrigens haben die Frauen auch hier aufgeholt. Waren es früher traditionellerweise Männer die zum Schiessen kamen, sind es heute vermehrt auch Frauen, die sagen: Ich schiesse mir meinen eigenen Plüschbären!

Wacker & Schwob:
Kääskiechli, Roosekiechli und Waggislogge

Es brutzelt, es blubbert – und es duftet! Nach Herbstmesse, Süssigkeiten und nach Puderzuckerwolken, die sich schwebend auf die fertigen Rosenküchlein legen. Ganz klar, Herbstmessezeit ist ‹Roosekiechli-Zeit›. Der Stand von Wacker & Schwob ist einer der wenigen, wo man die altbekannte Spezialität noch bekommt – und wo man erst noch beim Produzieren zuschauen kann.

> Eine Eisenform wird in zähflüssigen Teig getaucht und anschliessend in heissem Öl solange frittiert bis die Küchlein, die sich während der Prozedur schlagartig öffnen, goldbraun gebacken sind.

Dazu wird eine Eisenform in zähflüssigen Teig getaucht und anschliessend in heissem Öl solange frittiert bis die Küchlein, die sich während der Prozedur schlagartig öffnen wie Rosenblüten, goldbraun gebacken sind. Verwendet wird an der Herbstmesse immer eine Rosenform – aber es gibt diese Eisen in den verschiedensten Varianten, von der Spirale bis zum Kleeblatt.

Fred Hug ist der Bäcker bei Wacker & Schwob und fertigt die Küchlein seit 2014 direkt am Stand. Er verrät, dass eines der Geheimnisse für ein perfektes Rosenküchlein der Teig ist. Wird dieser bei der Herstellung zu stark gerührt, explodieren die Küchlein nicht mehr im Öl. Anstatt hauchdünn und luftig werden sie dann kompakt und schwer – und können dann natürlich nicht mehr verkauft werden.

Woher die Rosenküchlein ursprünglich stammen, ist heute schwer zu sagen. Sicher ist, dass sie seit über 250 Jahren im badischen Raum nachgewiesen sind, in Frankreich sogar seit dem 16./17. Jahrhundert. Aber wenn man den verschiedenen Quellen glauben kann, reicht die Geschichte des mittels einer Eisenform im Fett gebratenen Gebäcks bis zurück ins Jahr 1200 v. Chr. und bis nach Ägypten.

Früher war ein Rosenküchlein-Eisen, das man von der Schwiegermutter geschenkt bekam, ein Wink mit dem Zaunpfahl, dass die Schwiegermutter kein sehr grosses Vertrauen in die Back-und Kochkünste der Schwiegertochter setzte.

Denn die Rosenküchlein galten als ‹Verlegenheitslösung›, wenn Gäste kamen und man keinen Kuchen gebacken hatte.

> Früher war ein Rosenküchlein-Eisen, das man von der Schwiegermutter geschenkt bekam, ein Wink mit dem Zaunpfahl, dass die Schwiegermutter kein sehr grosses Vertrauen in die Back-und Kochkünste der Schwiegertochter setzte.

Wacker & Schwob bietet die Rosenküchlein seit Anfang der 1950er Jahre an der Herbstmesse an, bekannt wurden sie aber durch ihre beliebten ‹Wacker Käskiechli›, die sie seit 1928 (!) an der Herbstmesse

und ab 1932 an der Mustermesse verkauften. Die Rezeptur für beide Spezialitäten ist seitdem übrigens unverändert geblieben, wie auch die Herstellung.

Gaston Wacker war im Kinderwagen-Geschäft tätig und wünschte sich etwas, das sich während einer Unterhaltung leicht mit einer Hand essen liess. Ein Freund von ihm, der Bäcker war, entwarf dann für ihn das ‹Wacker Käskiechli›. Dieses war ein solcher Erfolg, dass die Firma mit der Zeit von den Kinderwagen ganz auf die Gastronomie umstieg.

Eine andere Spezialität von früher, die Wacker & Schwob ebenfalls im Sortiment hatte, sind die sogenannten ‹Waggis-Logge›, die man heute leider nicht mehr bekommt. Um diese herzustellen, nahm man eine Kartoffel und drehte sie auf einem Spezialgerät zu einer langen Spirale auf. Diese wurde dann blanchiert und schliesslich ebenfalls im heissen Öl frittiert. Serviert wurden die Locken mit einer Sauce.

Aber zurück zu den ‹Roosekiechli›: Frisch schmeckt das zerbrechliche Gebäck natürlich am besten, weshalb es jeden Tag direkt am Stand zubereitet wird (siehe Reportage auf Seite 209). Und selbst wenn man es vielleicht nicht mag – seinem verführerischen Duft kann man nicht entgehen und man weiss: Jetz isch Herbschtmäss! (Und der Puderzucker auf dem Mantelkragen fällt irgendwann auch wieder ab…)

Doris Weiler und Sibylle Gutzwiller: «Sinn er alli doo…?»

Die Kasperlefigur und Jahrmärkte gehören untrennbar zusammen. Die Tradition des Puppenspiels an Messen oder Märkten gibt es schon seit dem 12. Jahrhundert; die Figur des Kaspers selbst ist seit Ende des 18. Jahrhunderts bekannt. Auch auf der Basler Herbstmesse gab und gibt es das ‹Käschperlitheater›. So schon in den 1960er Jahren; der damalige Theaterbesitzer lief jeweils mit einer Pauke über den Barfüsserplatz und machte Reklame für seine Vorführung. Um 1974 hörte er jedoch auf, und so gab es während etwa fünf Jahren kein Puppenspiel an der Herbstmesse. Von 1979 bis 2017 spielten Christoph Bosshard und Silvia Bosshard-Zimmermann im Theaterzelt auf dem Barfüsserplatz, dann zwei Jahre auf dem Münsterplatz und ab 1997 auf dem Petersplatz an der Herbstmesse. Ab 2018 übernahmen Doris Weiler und Sibylle Gutzwiller diese Aufgabe. Wir haben uns deshalb mit beiden Künstlerpaaren unterhalten:

> Von 1979 bis 2017 spielten Christoph Bosshard und Silvia Bosshard-Zimmermann im Theaterzelt; zuerst auf dem Barfüsserplatz, dann zwei Jahre auf dem Münsterplatz und ab 1997 auf dem Petersplatz an der Herbstmesse.
> Ab 2018 übernahmen Doris Weiler und Sibylle Gutzwiller diese Aufgabe.

Christoph und Silvia Bosshard-Zimmermann

Beide sind Vollbluttheaterspieler und besuchten die Schauspielschule von Helene Kaiser-Wajdzik in Basel; Christoph Bosshard ist zudem gelernter Bühnenbildner. Im Alter von 21 Jahren lernten sich die beiden am Städtebundtheater Biel-Solothurn kennen und verliebten sich – seitdem sind sie ein Paar. Bald war ihnen klar, dass sie ein eigenes Theater auf die Beine stellen wollten, eines wo sie wirklich alles von A-Z selbst machen konnten: vom Entwerfen der Figuren über die Stückauswahl bis hin zum Bühnenbild. Hierzu bot sich das Figurentheater an. Der Plan war, mit einem selbstgebauten Theaterzelt in der Schweiz auf Tournee zu gehen – mit eigenen Stücken für Kinder, aber auch für Erwachsene.

Die Augen der beiden leuchten, während sie aus ihrem Leben erzählen. Dazu gleiten Christoph Bosshards Hände schwebend durch die Luft, während er von den Stabfiguren erzählt, mit denen sie hauptsächlich arbeiten, und man glaubt, die Figur in seinen Händen zu sehen, während er spricht. Silvia und Christoph Bosshard wechseln sich ab mit ihren Geschichten, sie sind ein eingespieltes Team, vor und hinter der Bühne. Silvia Bosshard ist der ruhigere Pol, auch sie strahlt Energie aus. Beide leben Theater aus vollem Herzen.

1978 war es dann soweit. Sie gründeten das Figurentheater ‹Tokkel-Bühne›. Tourneebeginn war in Rheinfelden mit dem Kasperstück ‹D Blueme› und dem Stück ‹Der Gaukler Pamphalon› von N. Leskow. Unterwegs riet ihnen dann ein Freund, sich doch bei der Basler Herbstmesse anzumelden, was sie prompt taten. Die Messeverantwortlichen waren froh, dass die Tradition der Puppenspieler endlich wieder auflebte, und so kam es, dass die Bosshards bereits 1979 zum ersten Mal in ihrem Zelt an der Herbstmesse spielen konnten.

Am Anfang, bei ihren ersten selbstgeschriebenen Theaterstücken, die sie für die Kinder aufführten, hörten sie oft aus dem Publikum: «Und wo ist Kasper, tritt er nicht auf?». Also entschieden sie sich, diese Figur in ihre Geschichten aufzunehmen. Silvia Bosshard erzählt: «Christoph hat den Kasper gespielt; diese Figur liegt ihm sehr.» – «Ja, das stimmt,» meint darauf Christoph Bosshard: «obwohl ich eigentlich fand, ich sei gar nicht lustig.» Silvia ergänzt: «Das Kasperspiel lebt zum grossen Teil vom Dialog zwischen den Spielenden und dem Publikum, gelingt dies spontan, ist es ein grosses Geschenk für die Aufführenden».

Im Laufe der Jahre sind so elf selbstgeschriebene Kasper-Geschichten entstanden. Wichtig war ihnen dabei immer, dass die Geschichten nicht einfach nur lustig sein sollten (obwohl sie das natürlich waren!), sondern den Kindern auch wichtige Grundwerte vermitteln – ohne erhobenen Zeigefinger. Dazu benutzten sie auch traditionelle Charaktere wie die Hexe als Darstellung für den Egoismus und die Protagonisten wie die Grossmutter, Lena, Feen, Zwerge und Tiere als Vermittler zwischen dem Publikum und Kasper als Akteur auf der Bühne.

Nochmals Christoph Bosshard: «Oft war dann auch der Scharlatan dabei, den habe ich auch sehr gerne gespielt. Der hat immer mit der Hexe zusammengespannt, und dem war immer alles egal, solange es genug Geld oder zu essen gab. Ein sehr jovialer Typ und ein bisschen dümmlich.»

> Über 6300 Aufführungen haben sie gezeigt mit mehr als 320 000 Besuchern und Besucherinnen und ihr grosses Zelt 1264 Mal auf- und abgebaut.

Die vielen verschiedenen Puppen, die sie über die Jahre benutzten, hat Christoph Bosshard alle selbst geschnitzt, insgesamt rund 300 Figuren sind so zusammengekommen. 33 eigene Produktionen sind entstanden, Stücke für Kinder, Jugendliche und Erwachsene: Märchen, Sagen, Dramen, Komödien sowie Kasperstücke. Über 6300 Aufführungen haben sie gezeigt mit mehr als 320 000 Besuchern und Besucherinnen und ihr grosses Zelt 1264 Mal auf- und abgebaut.

2017 fiel der letzte Vorhang der Aufführung ‹Dr Kasper schloft ii› an der Basler Herbstmesse. Allerdings erst, nachdem sie in Doris Weiller und Sibylle Gutzwiller würdige Nachfolgerinnen gefunden hatten!

Doris Weiller und Sibylle Gutzwiller

Doris Weiller ist die Gründerin des Theaters ‹Hände hoch›, das 2018 entstand. Ursprünglich lernte sie Holzbildhauerin, was ihr beim Figurentheater natürlich sehr entgegen kommt. Nach einer Zweitausbildung zur Sozialpädagogin absolvierte sie von 2001 bis 2003 ein Nachdiplom an der Hochschule der Künste für Theater und Schauspiel in Zürich. 2003 gründete sie das Figurentheater Doris Weiller und ist seitdem künstlerisch unterwegs.

Bald nach der Gründung ihres Theaters lernte sie Silvia und Christoph Bosshard kennen: «Ich fand immer, das ist eine tolle Sache, dieses Zelt, der Messekasper. Das war aber ziemlich weit

> Trotzdem fragte sie eines Tages «einfach mal ganz frech», ob sie eventuell als Nachfolgerin in Frage käme, wenn Bosshards aufhören sollten – «das haben sie dann einfach so zur Kenntnis genommen».

weg von mir, weil ich keinen Kasper spielte.» Trotzdem fragte sie eines Tages «einfach mal ganz frech», ob sie eventuell als Nachfolgerin in Frage käme, wenn Bosshards aufhören sollten – «das haben sie dann einfach so zur Kenntnis genommen». Etwas muss aber hängen geblieben sein, denn als es für Silvia und Christoph Bosshard klar wurde, dass sie aufhören wollten, kamen sie auf Doris Weiller zu und fragten, ob sie sich das vorstellen könne: «Da habe ich gedacht, das kann ich nur mit jemandem zusammen realisieren, denn alleine kann man das nicht machen. Sybille kenne ich schon lange. Sie führte Regie bei einem Stück, wo ich dabei war.»

Sibylle Gutzwillers erster Beruf ist Handarbeits- und Hauswirtschaftslehrerin – ebenfalls eine glückliche Fügung: Sie kann die von Doris Weiller erschaffenen Figuren perfekt einkleiden. Auch sie betont, dass sie kein ‹Käsperlitheater› im abwertenden Sinne sind: «Das Puppenspielen vom Kasper ist nicht das unterste Niveau, es ist relativ schwierig den Kasper zu spielen. Aber als Puppenspieler*in wird man nicht gerne als ‹Käsperlispieler› bezeichnet. Eigentlich sehen wir uns als Künstler, die mit Figuren Theater machen. Der Kasper, das ist so ein bisschen ein Klischeebild, in das wir uns nicht gerne hineinpressen lassen.» Feinfühlig und einfallsreich ergänzt sie die ausdrucksvollen geschnitzten Holz-Köpfe der Figuren mit den passenden Kleidern.

1992 verschlug es Sibylle Gutzwiller nach Berlin, wo sie – mehr oder weniger durch Zufall – an die Hochschule für Schauspielkunst Ernst Busch geriet und Puppenspielkunst studierte.

Leider konnte sie aber nie freischaffend arbeiten, da ihr Rücken grosse Probleme verursachte, weshalb sie wieder als Lehrerin zurück an die Schule ging. Die Anfrage von Doris Weiller, ob sie beim Theater Hände Hoch dabei sein wollte, kam gerade zur richtigen Zeit: «Kleinere Sachen an einem Familienfest oder so habe ich immer gemacht, aber schon lange nichts mehr Grosses, so richtig professionell. Und als sie mich gefragt hat, war es wirklich so der richtige Moment. Ich habe gedacht: Oh ja, super! Ich weiss zwar noch nicht, wie ich das alles organisiere, aber das machen wir!» Die vielen Vorstellungen während zweier Wochen am Stück sind anstrengend. Dennoch wirken die beiden Frauen energisch, selbst wenn man die Müdigkeit manchmal erahnen kann. Doris Weillers Gesicht ist ausdrucksvoll, während sie erzählt, ihr Körper genau in der Balance zwischen angespannt und locker.

Auch Doris Weiller und Sibylle Gutzwiller schreiben ihre Stücke selber. Was ihnen besonderen Spass macht ist, die Klischees der Figuren manchmal zu brechen: «Das Krokodil ist bei uns ein ganz nettes!» Auch sie sprechen alle Figuren selbst. Hinter der Bühne läuft während der Vorstellung eine über Wochen einstudierte Choreographie ab: «Wir wissen genau, welche Hand nimmt wann welche Puppe, und wo geht wer wann da durch, und hier muss die eine der andern dazwi-

> Was ihnen besonderen Spass macht ist, die Klischees der Figuren manchmal zu brechen: «Das Krokodil ist bei uns ein ganz nettes!»

schen greifen. Wir haben so etwas wie einen Tanz hinter der Bühne, der läuft immer gleich ab und ist genau eingeübt.»

Im Gegensatz zu Christoph und Silvia Bosshard gehen sie mit dem Zelt nicht auf Tournee, dieses kommt bei ihnen nur an der Herbstmesse zum Einsatz. Jedoch spielen sie die Stücke während der Saison auch in Kleintheatern, Quartierzentren, Schulen oder in Bibliotheken.

Ebenso wichtig aber wie die Bühnenauftritte sind die Vorbereitungsarbeiten (die bereits im Januar anfangen) wie Konzept schreiben, Sponsoren suchen, Proben organisieren, etc. Sie können nicht von den Eintritten an der Herbstmesse leben und sind auf Unterstützung durch verschiedene Sponsoren angewiesen. Zudem haben sie an der Messe mehrere ehrenamtliche Helfer, die beim Aufstellen des Zelts helfen, die Kasse machen und ähnliches. Staunende Kinder sind ihnen das Wichtigste: Wie sie mit strahlenden Augen gebannt die Geschichten auf der Bühne verfolgen. Übrigens sind die Kinder nicht die einzigen begeisterten Zuschauer. Es gibt immer wieder Erwachsene, welche die Darbietung ohne Kinderbegleitung geniessen…

Silvia Bosshard-Zimmermann und Christoph Bosshard, welche von 1979 bis 2017 im Theaterzelt an der Herbstmesse spielten.

Vom Tockelspiel zum Döggelikasten
Mit ‹tocke› oder ‹docke› bezeichnete man im Hochmittelalter Puppen, auch Kinder- und Spielzeugpuppen. Die Begriffe ‹gauckel tocke› und ‹tockenspiel› deuten dabei auf die Verwendung als Theaterpuppen). Der ‹Doggel› oder das ‹Doggeli› ist – wie das Tuntschi – eine Sagengestalt aus den Schweizer Alpen, ein Nachtmahr, der einem Albträume beschert. Der Döggelikasten ist das Tisch-Fussballspiel mit den Döggeli, den kleinen Figuren. Auch die Spielsteine oder -figuren bei Brettspielen bezeichnet man als ‹Döggeli›.

Yvonne Wettengl: die Raffel-Königin aus Bülach

Raffeln in leuchtend-orange, gift-grün oder dunkel-violett stapeln sich hinter der blonden Frau mit dem wippenden Pferdeschwanz – ihr farbenfroher Stand ist nicht zu übersehen. Aber nicht nur Raffeln sind zu sehen, vor ihr häufen sich ganze Gemüseberge in allen Farben und Formen. Gekonnt greift Yvonne Wettengl hinein und wirbelt die geschnittenen Stücke auf, um sie schöner zu präsentieren.

Wenn sie loslegt mit ihrer Vorführung, vergisst man als Basler glatt, dass hier eine ‹Züri-Schnörre› am Werk ist. Ihre dunkle Stimme ist angenehm, wenn sie ruhig – aber ohne Punkt und Komma – die Vorzüge ihrer Raffeln beschreibt und diese dabei gleich vorführt. Ein paar Müsterchen gefällig? «Wir alle essen zu wenig Gemüse. Sie glauben, es ist zu umständlich, rasch einen Salat zuzubereiten, oder Ihnen ‹stinkt› es, die Karotten mühsam in Rädchen zu schneiden? Dann habe ich hier die perfekte Lösung für Sie. Mit unseren Raffeln zerkleinern Sie ruckzuck jedes Gemüse je nach Wunsch zum Beispiel in Scheiben, Stifte, Würfeli, Spiralen oder Waffeln. Sie denken, ich müsse dabei auf meine Finger aufpassen? Kein Problem, mit unseren Hobeln riskiert man nichts!»

> «Mit unseren Raffeln zerkleinern Sie ruckzuck jedes Gemüse je nach Wunsch in Scheiben, Stifte, Würfeli, Spiralen oder Waffeln.»

Nur wenige Basler Haushalte besitzen noch keine der berühmten Raffeln, die ihr Vater schon vor über 50 Jahren auf dem Petersplatz verkaufte. Überhaupt ist ihr Vater in Basel fast so etwas wie eine Berühmtheit. Noch heute erkundigen sich Kunden nach ihm – leider verstarb er 2017. Aber er erhob die Verkaufspräsentation zur Kunstform, die auch seine Tochter perfekt beherrscht. Allerdings sah es lange Zeit nicht danach aus. Als junge Frau wollte Yvonne Wettengl nichts mit dem Geschäft ihres Vaters zu tun haben, sondern lernte im Gastgewerbe und arbeitete während sechs Saisons in Zermatt. Hier konnte sie auch eines ihrer Hobbies, nämlich das Skifahren, das auch heute noch eine grosse Leidenschaft von ihr ist, perfekt mit dem Berufsleben verbinden.

Dann zog es sie nach Australien. Sie kündigte die Stelle und brach ihre Zelte in Zermatt ab. Der Flug war gebucht und sie reisebereit.

Ausgerechnet da hatte die Verkäuferin, die ihrem Vater am Stand half, einen Unfall und fiel ganz kurz vor der Saison aus. Nun war guter Rat teuer. Ihr Vater fragte, ob sie ihm nicht aushelfen könne, denn allein war die Arbeit am Stand nicht zu schaffen. Und geeignet waren nur wenige, denn es musste jemand sein, dem man vertrauen konnte, schon nur der Kassenführung wegen, und die Person musste natürlich mit dem Produkt umgehen können.

Yvonne Wettengl war mit der Raffel aufgewachsen, da sie auch privat zuhause benutzt wurde. Da fand sie «Chasch jo nit so si», stornierte – um den Vater nicht hängen zu lassen – kurzentschlossen die gesamte Reise und erklärte sich bereit, für eine Saison einzuspringen, bis der Vater Ersatz gefunden hätte. Das war 1993. Und sie ist noch immer dabei. Heute, nach so vielen Jahren, könnte sie sich einen ‹normalen› Job kaum mehr vorstellen, aber auch für sie galt: ‹Aller Anfang ist schwer›. Als junge Frau war es damals an so einem exponierten Stand nicht immer einfach, vor allem wenn beim Publikum Alkohol im Spiel war. Oft heulte sie abends, wenn an der Olma in St. Gallen wieder besonders schlimme Sprüche gefallen waren – das passiert ihr heute nicht mehr, auch wenn die Arbeit anstrengend sein kann. Je nach Messe und Saison sind 16-Stunden-Tage und 7-Tage-Wochen nichts Ungewöhnliches.

> An guten Tagen können es gut und gerne 20–30 Kilogramm Gemüse sein, die sie verraffelt – und am Abend verschenkt.

Meist betreibt sie den Stand mit ihrem Bruder zusammen, oder auch mit Bekannten. Allerdings müssen es Leute sein, die sie schon länger kennt, und denen sie vor allem vertrauen kann: «En Wildfremde würd ich nie nää!». Das Gemüse bezieht sie jeden Tag frisch, meist von einem lokalen Lieferanten, der ihr die Ware direkt an den Stand bringt. An guten Tagen können es gut und gerne 20–30 Kilogramm Gemüse sein, die sie verraffelt – und am Abend verschenkt. (Also, Studenten und andere, aufgepasst: abends mit einem Tupperwaregefäss vorbeigehen – es lohnt sich!).

Aber auch die Wettengls mussten sich an die ‹modernen Zeiten› anpassen. Schon früh drängte ihr Bruder darauf, im Internet Präsenz zu zeigen – was sie und der Vater vehement ablehnten. Schliesslich ist sie überzeugt: «Äs isch e Kultur, euse Job». Irgendwann aber, mit purer Hartnäckigkeit, schaffte ihr Bruder es, sie umzustimmen. Heute ist Yvonne Wettengl ihm dankbar dafür, denn wie sie selbst sagt, braucht es heutzutage einen Internetauftritt, um überhaupt als seriöser Verkäufer wahrgenommen zu werden. Wenn sie heute vorführt fällt ihr auf, dass die Jungen dann sofort ans Handy gehen und im Internet abchecken, wo sie das Gerät billiger bekommen könnten…

Sie selbst liebt die Basler Herbstmesse. Es war die Lieblingsmesse ihres Vaters, der hier jeweils zu Hochform auflief. Und sie schätzt das angenehme Basler Publikum, mit seiner zurückhaltend-freundlichen Art. Mittlerweile ist sie selbst zu einer Institution geworden, sogar so sehr, dass ihr angestammter Standplatz 2019 verschoben werden musste, weil die grossen Menschenmassen, die sie mit ihren Demonstrationen anzieht, die Wege zu sehr blockierten…

Erich Wolf:
Die Kundschaft ist nicht immer einfach

«Ich bin noch mit den Eltern auf die Reise gegangen und besuchte die Schule dort, wo wir gerade waren. Eine Lehre oder Schulzeugnisse waren früher viel weniger wichtig. Heute wird nicht mehr geschaut, was ist das für eine Person und was kann sie, sondern da zählen nur noch die Papiere und nicht mehr der Mensch.»
Erich Wolf ist Schausteller in vierter Generation, und sein Beruf liegt ihm im Blut. Aber obwohl er und seine beiden Geschwister, die ebenfalls als Schausteller arbeiten, Kinder haben, sieht es momentan nicht danach aus, als ob eines davon die Geschäfte später übernehmen möchte: «Ich bin noch so aufgewachsen, da kommt man automatisch rein, aber heute müssen sie fest in die Schule und eine Lehre machen, dann lernen sie jemanden kennen, und dann wollen sie halt nicht mehr auf die Reise gehen.»

Erich Wolf ist sehr schlank, seine Augen blicken klar und herausfordernd: «Die Leute haben sich umgestellt und haben ganz andere Ansprüche an die Freizeit. Da fliegt man lieber übers Wochenende nach London, denn die Flüge sind viel zu billig. Aber dann braucht man halt doch Geld fürs Shopping, Essen und das Hotel. Früher hat man sich auf der Kilbi etwas gegönnt, das ist heute anders.» Aber nicht nur die Freizeitansprüche der Menschen haben sich geändert, «die Kundschaft ist auch nicht immer so einfach», meint Erich Wolf. «Früher waren auch nicht alle harmlos, aber die konnte man noch in die Schranken weisen. Heute teilen schon Vierzehn- oder Fünfzehnjährige aggressive Sprüche aus, aber wehe man sagt etwas zurück oder fasst sie gar an, dann gibt es ein Riesentheater.»

> «Die Leute haben sich umgestellt und haben ganz andere Ansprüche an die Freizeit. Da fliegt man lieber übers Wochenende nach London, denn die Flüge sind viel zu billig.»

Er und seine Frau betreiben mehrere Kinderbahnen und einen Autoscooter, dazu hat er zwei polnische Festangestellte. Viele der Kilbihelfer stammen aus Ländern im Osten wie Rumänien, Bulgarien oder eben Polen. Erich Wolf erzählt: «Früher waren viele Bahnen aus Holz oder hatten Holzböden, und der Aufwand für den Unterhalt und die Pflege war viel grösser. Heute sind die Geschäfte moderner, das Material ist verzinkt, und die Böden sind meist aus Aluminium, diese sind viel langlebiger und brauchen weniger Unterhalt. Dafür haben sie halt mehr Elektronik, die man nicht selbst flicken kann.» Aber auch die Logistik ist aufwändig: Schon nur der Autoscooter muss auf vier Anhänger verladen werden, was vier separate Fahrten bedeutet: «Wir haben eine Zugmaschine und müssen alles selbst organisieren. Höchstens wenn es ‹pressiert› geben wir einen Transport bei einem Transportunternehmen in Auftrag. Wir müssen schliesslich unsere Zugmaschine auslasten, heute muss man auch auf so etwas achten.»

Ergänzend erklärt Erich Wolf: Neue Fahrgeschäfte, die nach deutscher Norm gebaut sind, haben ein sogenanntes Baubuch, welches sie überall hinbegleitet. Dort ist die Bahn genau dokumentiert: Pläne, Material, etc., so hat der TÜV bei der Überprüfung alle wichtigen Daten zur Hand. Ältere Geschäfte, die noch nicht nach den heutigen Normen gebaut wurden (was aber nichts über deren Sicherheit oder Stabilität aussagt) haben stattdessen ein Revisionsbuch, wo das Wichtigste notiert ist. Zusätzlich müssen alle Geschäfte nach zwei bis vier Jahren einer weiteren Prüfung unterzogen werden, andernfalls wird die Betriebsbewilligung nicht verlängert.

> Auch die Schausteller selbst brauchen ein Schaustellerpatent zur Ausübung ihres Berufs. Früher mussten sie dieses in jedem Kanton, wo sie einen Platz bespielten, separat beantragen, was recht mühsam sein konnte.

Auch die Schausteller selbst brauchen ein Schaustellerpatent zur Ausübung ihres Berufs. Früher mussten sie dieses in jedem Kanton, wo sie einen Platz bespielten, separat beantragen, was recht mühsam sein konnte. Aber dank der Bemühungen der Schausteller-Verbände wurde erreicht, dass sie heute an dem Ort, wo sie gemeldet sind, ihre Unterlagen einreichen können und eine Bewilligung für die ganze Schweiz bekommen. Diese gilt dann für ein ganzes Jahr, was den Aufwand natürlich stark vereinfacht. Trotzdem haben die meisten Schausteller einen Buchhalter oder Treuhänder im Hintergrund, der bei dem grossen administrativen Aufwand hilft. Das fängt bei der Rechtsform des Unternehmens an und geht bis zur Steuererklärung und den verschiedenen Versicherungen, die man in diesem Gewerbe braucht.

Lisa und Eugen Zanolla: alles für die Familie

«Wir legen los, volle Pulleee-ulleee-ulleee!» - «Okeydokey, alles klar, we are complete, legemer looooooos-os-os-os!» So und ähnlich ertönt es, wenn Lisa Zanolla im Führerhäuschen der Bahn Insider ‹rekommandiert›, d.h. die Leute anlockt und unterhält.

Im Gegensatz zu seiner Frau, die gelernte Fotografin ist, stammt Eugen Zanolla aus einer Schaustellerfamilie; seine Grosseltern haben 1923 mit einer Schiessbude angefangen. Er selbst hat sich, mit der finanziellen Unterstützung der Grosseltern, nach einer Malerlehre im Alter von 21 Jahren selbständig gemacht und nahm 1971, genau zum 500 Jahr-Jubiläum der Basler Herbstmesse, zum ersten Mal alleine an der Messe teil; damals mit dem Fahrgeschäft ‹Vampir›, einer Art Flugkarussell. Eugen Zanolla sitzt gemütlich im Stuhl und erzählt die Geschichte seiner Familie.

Zanollas betreiben mehrere Fahrgeschäfte: neben dem Insider und dem Fantasy Road auch zwei Autoscooter und eine Rutschbahn, die manchmal auf dem Münsterplatz anzutreffen ist. Sie haben sich auf familientaugliche Geschäfte spezialisiert: «Es gibt Schausteller, die haben nur Hoch- oder Überschlagsgeschäfte, das wollten wir nie», wirft seine Frau ein, die aufmerksam neben ihm sitzt.

> Sie haben sich auf familientaugliche Geschäfte spezialisiert: «Es gibt Schausteller, die haben nur Hoch- oder Überschlagsgeschäfte, das wollten wir nie», wirft seine Frau ein, die aufmerksam neben ihm sitzt.

Auch war ihnen ein ‹normales› Familienleben wichtig. Wenn immer möglich, kehrten und kehren sie am Abend nach den Vorstellungen nach Hause zurück und schlafen in ihrem Haus, wo sie auch ihre fünf Kinder grossgezogen haben. Während dieser Zeit blieb Lisa Zanolla daheim und kam nur am Wochenende an die Kilbi, um ihrem Mann zu helfen. Früher bespielten sie bis zu fünf Plätze gleichzeitig, heute versuchen sie, nicht mehr als zwei Veranstaltungen parallel zu besuchen. Trotzdem können es während der Hochsaison bis zu 20 Angestellte sein, die auf den Bahnen arbeiten.

Alle ihre Kinder haben eine Ausbildung gemacht, und keine ihrer vier Töchter möchte in die Fussstapfen des Vaters treten. Der Sohn starb leider früh und hinterliess einen zu dem Zeitpunkt einjährigen Enkel, welcher sich aber wieder für das Schausteller-Geschäft zu interessieren scheint: «Gäll Opa, Du muesch durehebe, bis ich parat bin, das säg ich dir denn also!», meint er bereits heute. Eugen Zanollas Stimme ist fest, wenn er davon erzählt. Trotz der tragischen Geschichte strahlt er

> «Gäll Opa, Du muesch durehebe, bis ich parat bin, das säg ich dir denn also!»

grosse innere Stärke aus, und seine Lachfältchen verraten Humor. Auf Anraten seines Arztes, der ihm klipp und klar sagte, dass er einen Ausgleich zum stressigen Arbeitsalltag brauche, suchte er sich ein Hobby und gründete eine Rockband, wo er Bassgitarre spielt.
Lisa Zanolla ist Luzerner Kantonsrätin und Ratspräsidentin der Stadt Luzern. Über Langeweile können sich die zwei deshalb nicht beklagen.

Angesprochen auf die Fahrpreise meint Eugen Zanolla: «1940 hat eine Fahrt im Autoscooter noch einen Franken gekostet, heute sind es ca. drei Franken. Für eine Fahrt mit dem Insider nehmen wir fünf Franken. Würde ich auf meinen Treuhänder hören, müsste ich sieben Franken verlangen. Ich vergleiche es immer mit den Preisen für ein Getränk.»

> «Ich verkaufe sie am liebsten immer weit weg, denn je weiter weg, desto weniger denke ich dran. Ich war mal in den Ferien und habe dort eine Bahn getroffen, die meinem Grossvater gehört hat:
> Ich ha ghület wien en Schlosshund.»

Eugen Zanolla hat schon viele Bahnen gekauft und verkauft. Trotzdem baut er eine Verbindung zu den eigenen Fahrgeschäften auf, wie er erzählt: «Ich verkaufe sie am liebsten immer weit weg, denn je weiter weg, desto weniger denke ich dran. Ich war mal in den Ferien und habe dort eine Bahn getroffen, die meinem Grossvater gehört hat: Ich ha ghület wien en Schlosshund.»

Zum Schluss weiss Eugen Zanolla noch eine Anekdote von seinem Autoscooter zu erzählen; die Geschichte ist hier in Basel an der Herbstmesse passiert: «Nach der Runde kam ein deutscher Fahrgast zu mir und sagte, er würde mich einklagen, weil während der Fahrt jemand in ihn ‹reingeputscht› sei. Ich habe ihm erklärt, dass das ja der Sinn der Bahn ist, und dass das draussen auch ganz klar angeschrieben steht. Das hat ihn aber nicht interessiert und er ist wütend gegangen. Nach rund einer Viertelstunde kamen tatsächlich zwei Polizisten zu mir und sagten sie müssten eine Anzeige aufnehmen. Erst dachte ich, die meinen es ernst, bis die zwei anfingen wie verrückt zu lachen und meinten, sie hätten noch nie in ihrem Leben so einen Blödsinn gehört…»

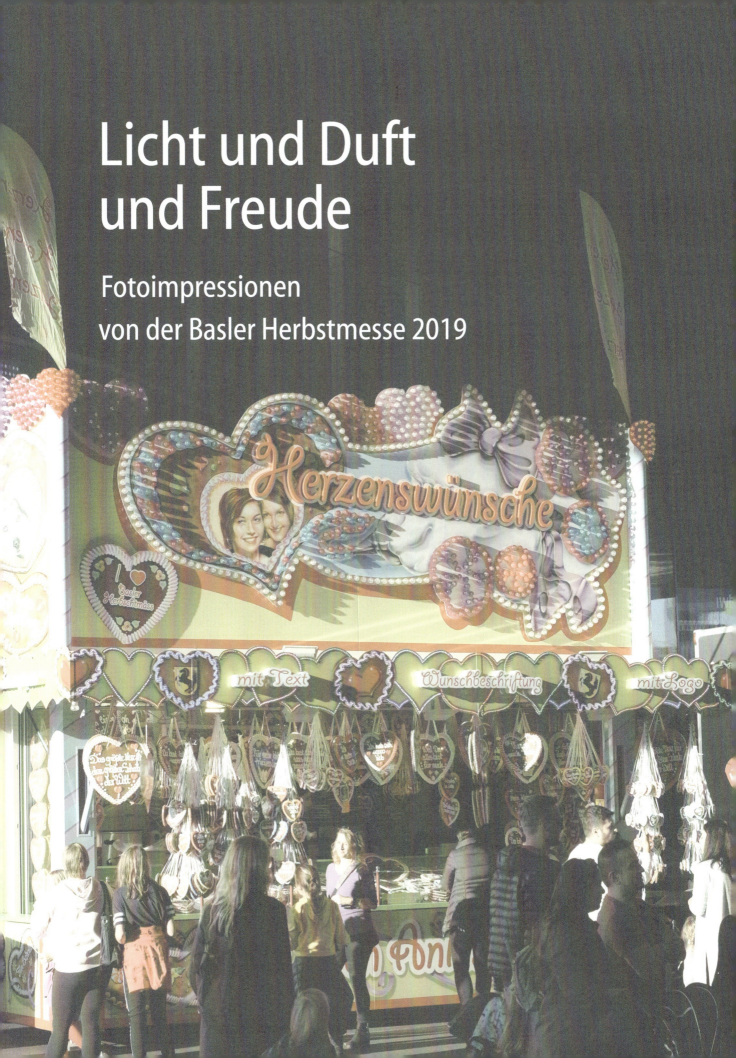

Licht und Duft und Freude

Fotoimpressionen von der Basler Herbstmesse 2019

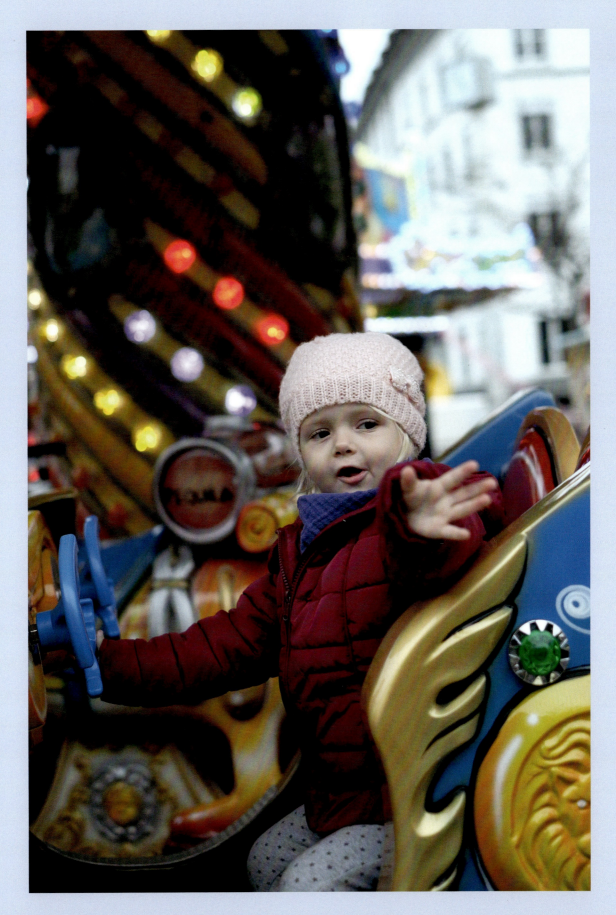

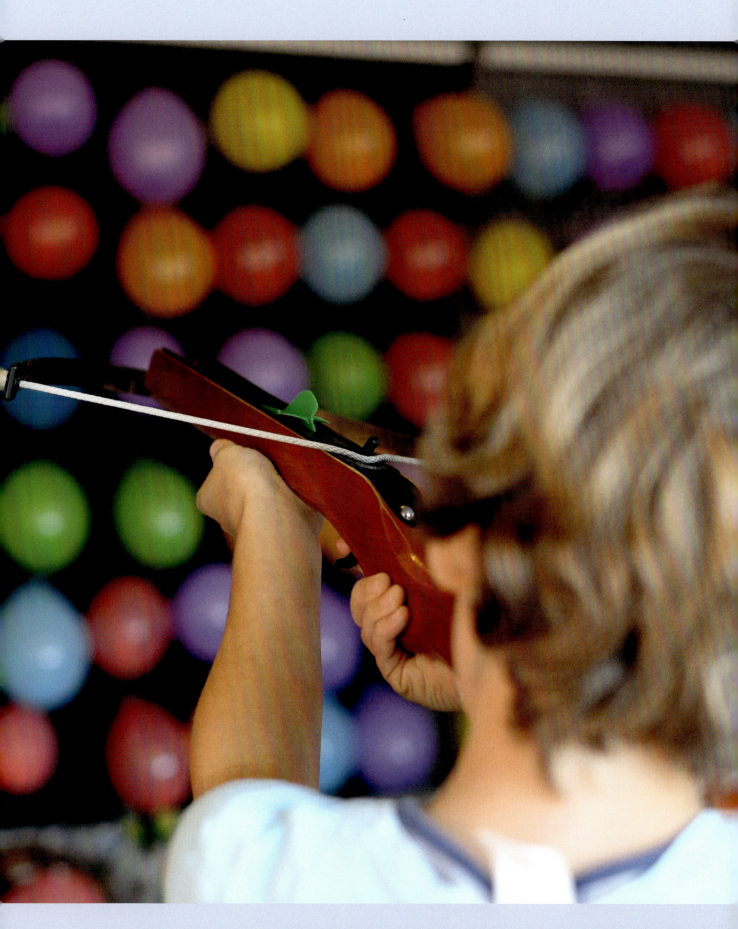

Moggedaig, Puderzucker und hoch hinaus

Reportagen von der Mässmoggen-Produktion,
der Herstellung von Roosekiechli
und vom Aufbau des Riesenrads

Die Mässmoggen-Produktion: ziehen, ziehen, ziehen!

Der ‹Mässmogge› ist eine typisch baslerische Süssigkeit, die vor allem an der Herbstmesse verkauft und nur noch von einem einzigen Betrieb in der Schweiz hergestellt wird. Der ‹Verein Kulinarisches Erbe der Schweiz› beschreibt die Mässmoggen wie folgt: *«Es sind daumenlange Bonbons, die zweifarbig gestreift sind. Eine Farbe kennzeichnet den jeweiigen Geschmack der aromatisierten Aussenhülle (…). Die andere Farbe ist in der Regel weiss oder eine mattere Version der Geschmacksfarbe. Mässmoggen sind mit einer brauen Haselnussmasse gefüllt.»*
Es gibt auch noch die so genannten ‹Glasmögge›, die aus einer aromatisierten und gefärbten Bonbonmasse bestehen. Die beliebtesten Glasmögge sind die grünen Pfefferminz-Mögge mit den schwarzen ‹Wybärtli›, kleinen rautenförmigen Lakritz-Stückchen. Glasmögge sind übrigens steinhart und sollten gelutscht werden; die gefüllten Mässmögge kann man gut zerbeissen.
Das Wort ‹Mogge› geht auf das mittelhochdeutsche Wort ‹Mocke› zurück, das ein ‹dickes, derbes Stück› oder einen ‹grossen Brocken› bezeichnet. Der Plural dieser Köstlichkeiten ist nicht ganz klar: auf Baseldeutsch bezeichnen wir sie als ‹Mässmögge›; für Nicht-Basler*innen wird auch der Begriff ‹Mässmoggen› verwendet.
Vorläufer des heute bekannten und beliebten Basler Mässmogge war der Moggedaig, ein warmer Zuckerteig, den der Zuckerbäcker zubereitete. Er hängte die warme Masse an den Haken in seinem ‹Mässhysli›, zog immer wieder ein Stück zu sich hinunter und warf es wieder in raschen rhythmischen Bewegungen an den Haken hinauf, bis der ganze Moggen strähnig glänzte. Dann schnitt er auf der Marmorplatte kleine Portionen zu 5 Rappen ab. Oft erhielten die Kinder ein solches Stück Moggedaig am Ende des Messebesuchs und schleckten selig auf dem Heimweg daran.
Doch schon zu Beginn der 1930er Jahre hatte die klebrige Masse, die laut Zeitzeugen dafür sorgte, dass *«während alle vierzäh Daag alli Direfalle gläbrig gsin sinn im ganze Huus»* ihren Reiz verloren.

Links: Michael Muller, Geschäftsführer Sweet Basel AG, Birsfelden.
Es ist die einzige Fabrik in der Schweiz, die noch nach traditioneller Zuckerbäckerkunst Mässmögge herstellt.
Rechts: Assortierte Mässmögge in verschiedenen Aromen

Gegen Ende der 1860er Jahre kamen zwei ältere Franzosen, Père Lazzari und Père Léonard aus Lyon und Nancy auf die Basler Messe. Beide waren Zuckerkocher und bereiteten aus gekochtem Zuckerbrei lang gezogene dünne Zuckerstengel zu. In Basel fanden sie ein sehr lohnendes Arbeitsfeld, denn aufgrund der Grenzlage konnten sie sich die Rohstoffe jeweils in dem Land besorgen, wo sie günstiger waren, und ihre Produkte den Baslern, die als Schleckmäuler bekannt waren, teuer verkaufen. Neben dem Zucker spielte die Entdeckung von künstlichen Lebensmittelfarbstoffen eine zentrale Rolle für den Erfolg: Die Farbigkeit der Zuckerstängel muss damals einen ganz besonderen (optischen) Reiz auf die Messebesucher ausgeübt haben. Nachdem die Rentabilität des Geschäfts bekannt wurde, tauchten 1869 die ersten richtigen Confiseure aus Frankreich an der Basler Messe auf. Weil das Ausziehen des Zuckerteigs in lange, dünne Stengel sehr viel Zeit erforderte, und die Kundschaft ungeduldig war, kamen die Confiseure auf die Idee, kurze und dafür dickere Stengel herzustellen, um ihre Kunden schneller bedienen zu können. Aus dem Stängel wurde ein Mocken und – so ist es überliefert – soll im Jahre 1879 erstmals ein Kind mit dem freudigen Ruf: «*Vater, Muetter, lueget dä Mässmogge!*» nach Hause gerannt sein.

Um 1900 verfeinerte der Basler Confiseur Leonz Goldiner die reinen Glasmoggen, indem er eine Haselnussmasse eingoss und sie zum gefüllten Mässmoggen weiter entwickelte. Der Basler Goldschmied Adolf Zinsstag (1878–1965), erzählte in seinen Memoiren, dass mehrere Confiseure Mässmoggen direkt an ihren Messeständen herstellten und den gefüllten Zuckerteig noch warm und formbar in die Hände der Kinder legten. Bis wann Mässmoggen an den Ständen produziert wurden, ist jedoch nicht bekannt. Bis in die späten 1960er-Jahre gab es an der Basler Herbstmesse mehrere Produzenten, die Mässmoggen feilboten; es waren vor allem Bäckereien aus dem Kleinbasel. Heute stellt nur noch Sweet Basel Mässmoggen her und beliefert damit Marktstände, Spezialitätengeschäfte sowie den Grosshandel.

Der klassische gefüllte Mässmogge besteht aus Zucker, Glukosesirup und Wasser, Aromastoffen und Lebensmittelfarbe sowie Haselnüssen, Pflanzenfett und Zucker für die Füllung.
In einem grossen Kessel werden Wasser, Zucker und Glukosesirup auf exakt 132 Grad erhitzt. Aus reinem Zucker kann man keine Bonbons herstellen; Wasser und Glukose verhindern die Kristallisierung und sorgen für eine geschmeidige, formbare Masse.

Die gekochte, mit dem Basisaroma eingefärbte Masse wird nun in einen Topf umgefüllt und auf dem Arbeitstisch ausgegossen. Der Moggedaig wird dann in eine rechteckige Form ausgestrichen, damit er weiter verarbeitet werden kann.
Der Arbeitstisch ist beheizt, denn wie Michael Muller erklärt: «Die Temperatur gibt das Arbeitstempo vor. Sind wir zu langsam, wird der Moggedaig hart und lässt sich nicht mehr formen.» Aus diesem Grund tragen die Mitarbeiter auch dicke Handschuhe.

Nun kommt ein wenig Lebensmittelfarbe dazu; passend zum Aroma. Es gibt die mit Haselnuss gefüllten Moggen in Zitrone (gelb), Kakao (braun), Himbeer (rot), Apfel (grün), Brombeer (violett) und Orange (orange). Dazu kommen weisse Moggen mit Mandelfüllung und Tigermogge in orange/schwarz (Mokka). Muller möchte gerne die künstlichen Farbstoffe durch natürliche ersetzen, so experimentiert man zum Beispiel mit Disteln für gelb – es ist jedoch eine Herausforderung, dass die Farbe bei 130° C stabil bleibt.

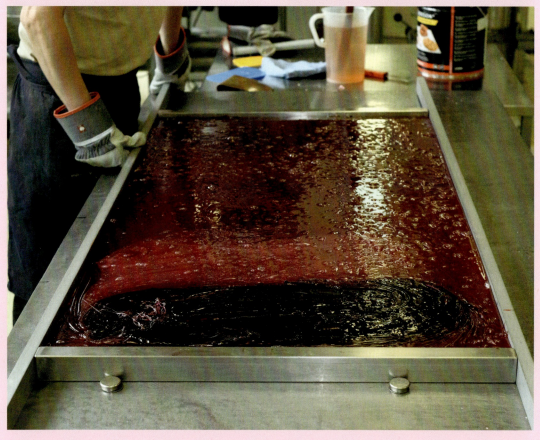

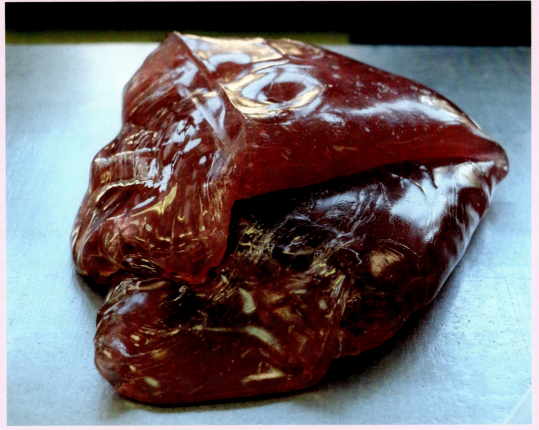

Nachdem die Masse in drei Teile geschnitten wurde, muss sie geknetet werden. Jeder nimmt sich ein ‹Päggli›, walkt es durch, wirft es auf die Arbeitsplatte, zieht und falzt es. Zuletzt kommt jede Portion auf die Zuckerziehmaschine, wo sie so lange in einzelne Stränge gezogen wird, bis sie hell ist. Das bedeutet, dass sich der Zucker mit der Luft verbunden hat und dadurch noch geschmeidiger wird. Das Zucker-Ziehen ist eine typische Tätigkeit des Zuckerbäckers und die Basis für jede gute Bonbon-Masse.

Zuviel Luft darf die Masse jedoch nicht enthalten, deshalb wird die Aussenhülle des späteren Moggen mit der Stachelwalze ‹gelöchelt›. Auf diese Masse kommen eine zweite und eine dritte ‹Wurst›, welche zusammengedrückt werden. Dieses ‹Paket› wird nun gedreht und anschliessend gezogen. Die Enden werden jeweils mit einer grossen Schere sauber abgeschnitten; die einzelnen gezogenen Stränge werden auf eine einheitliche Länge von 80 Zentimetern gekürzt.

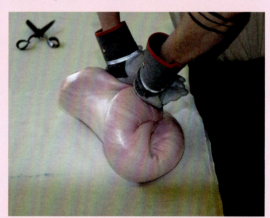

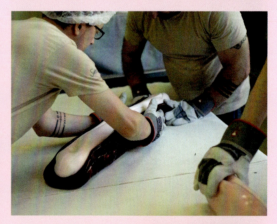
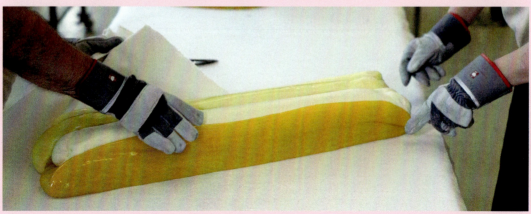

Aus den einzelnen Strängen entsteht eine Art gestreifte Zuckermatte, welche wieder gedreht wird. Jede Matte besteht aus 16 Strängen – diese sieht man auch beim Endprodukt, nur dass sie dort quer verlaufen. Die Füllung aus gerösteten Haselnüssen, Pflanzenfett und Zucker steht schon bereit. Sie kommt jedoch nicht einfach auf die Zuckermatte, denn sie könnte bei der weiteren Verarbeitung durch die Zwischenräume der Stränge austreten. Sie bekommt eine spezielle Hülle aus einer Zuckermasse.

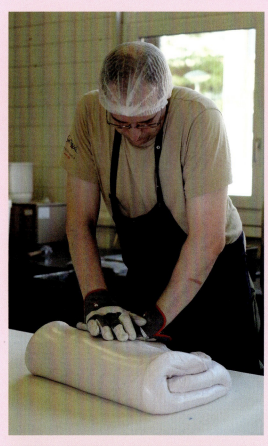

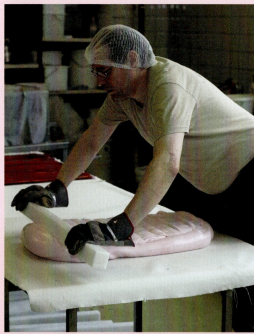

Für die ‹Füllungshülle› wird wiederum eine Zuckermasse gezogen und geknetet. Dann wird sie mit einem Kantstab in Form gedrückt, sodass eine Art Kissen entsteht. Auf dieses kommt die Füllung.

Die Füllung wird sorgfältig eingerollt und so verpackt, dass sie auf allen Seiten von der Zuckermasse umhüllt ist.

Nun wird sie zu zweit auf die Zuckermatte gehievt und eingerollt. Die jahrelange Erfahrung der Mitarbeiter sorgt dafür, dass die Grössenverhältnisse von Hülle und Füllung stimmen...

Nun ist der Riesenmässmoggen, auf neudeutsch ‹Mastermoggen›, bereit. Er wiegt rund 50 Kilogramm, ist etwa 80 cm lang, 30 cm dick und längs gestreift.

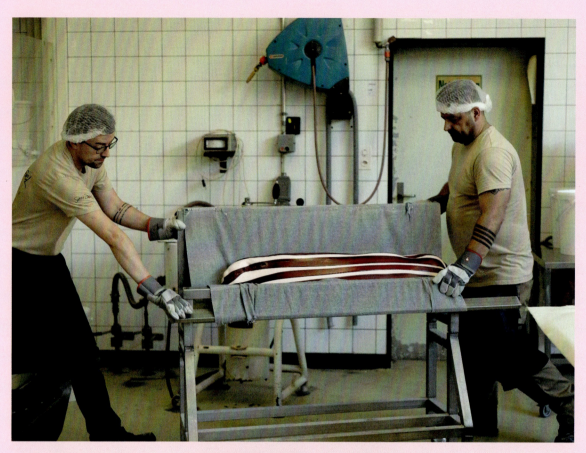

Der ‹Patient› wird nun zur Kegelmaschine gebracht und ins obere Ende eingelegt. Drehende Walzen und immer enger stehende Rädchen sorgen dafür, dass aus dem Mastermoggen eine rund 2,5 Kilometer lange Moggenschlange entsteht. Die Maschine stammt übrigens aus den 1950er Jahren!

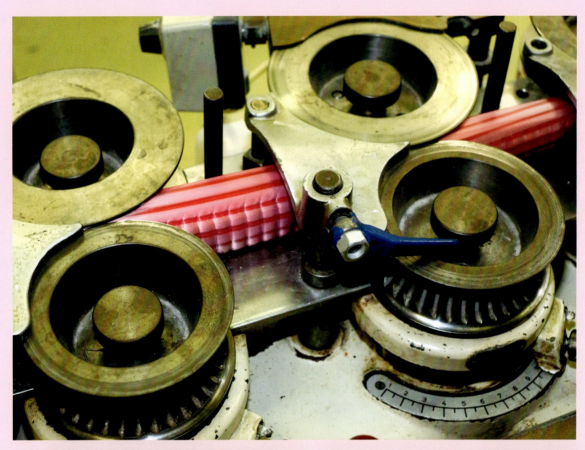

Die geriffelten Räder befördern die immer dünner werdende Zuckerschlange bis zur Moggenkette. Diese besteht aus zwei Teilen, die wie Baggerraupen aussehen; jede Vertiefung hat das Volumen eines halben Mässmoggen. Die Zuckerschlange wird in die Endform, die einzelnen Mässmoggen, gedrückt, welche auf das kleine Förderband fallen. Dies erklärt, weshalb der Mastermoggen längs gestreift ist, die Mässmoggen jedoch querliegende Streifen aufweisen. Alles erfolgt übrigens ohne jegliche Elektronik!

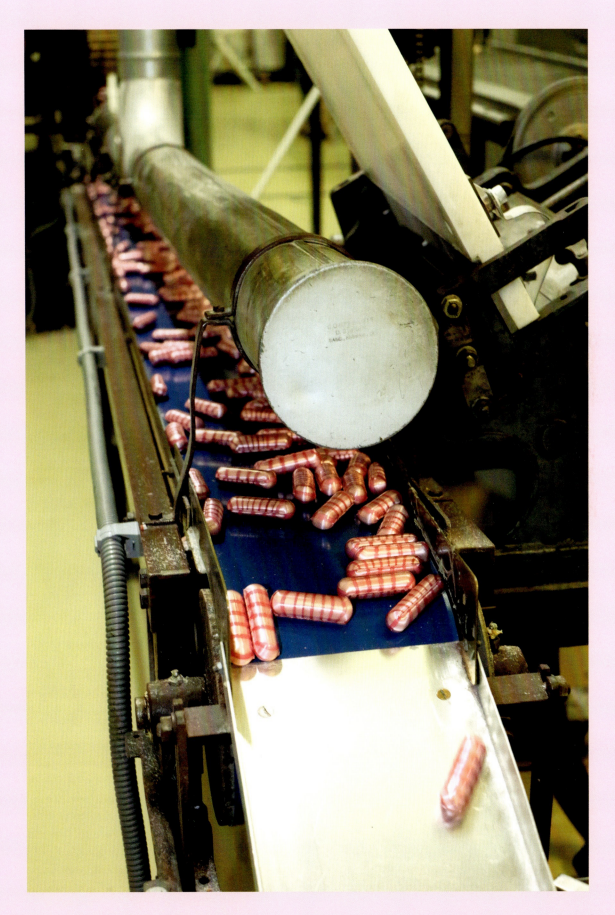

Eine Mitarbeiterin kontrolliert die fertigen Mässmoggen, die auf dem Tisch langsam auskühlen und hart werden.
Anschliessend werden sie entweder einzeln maschinell in Zellophan gewickelt oder von Hand in Schächtelchen mit mehreren Aromen verpackt.
Die Produktion von einer Sorte Mässmoggen dauert rund eine halbe Stunde.

Das Roosekiechli:
schon 1711 auf dem Menüplan der Zünfte

Gemäss dem ‹Kulinarischen Archiv Frankreich› wurden Rosenkiechli und anderes krapfenähnliches Gebäck erstmals im Elsass zwischen dem 15. und 17. Jahrhundert gegessen. Schriftliche Quellen aus dem 18. Jahrhundert belegen, dass dieses Backwerk auch in Deutschland und Österreich vorkam; damals wurden die Rosenkiechli ‹Brügel-Krapffen› oder ‹Spiess-Krapffen› genannt. Bei einem Basler Zunftessen von 1711 sind die Rosenkiechli auf dem Menüplan aufgeführt, und vom Basler Pfarrer Theodor Falkeysen ist ein ‹Rezept für Rosen Küchlein zu machen› von 1742 erhalten geblieben. Die Basler Hausfrauen verwendeten ein Eisen in Rosen- oder Spiral-Form für Ihre Küchlein. Die Rosenkiechli waren zu dieser Zeit auch bei den Obwaldnern sehr beliebt, sie genossen sie an ihren Dorffesten oder an der Fasnacht. Und im Genfer Kochbuch ‹La Cuisinière Genevoise› von 1817 ist ebenfalls ein Rezept für die ‹Beignets en rose au fer› aufgeführt; in der Romandie wurde dem Teig auch Orangenblütenwasser oder Kirsch beigefügt.

Wie viele andere Fettgebäcke verloren auch die Rosenkiechli in den 1950er und 1960er Jahren an Bedeutung und wurden von den Bäckereien praktisch nicht mehr hergestellt. Heute kennt man sie ausser in Basel noch in der Waadt und in gewissen Regionen des Kantons Bern und findet sie dort auf Märkten und Messen.

Der Rosenkiechli-Teig besteht aus Milch, Mehl, Eiern, Zucker und ein bisschen Salz. Das zuerst in Fett heiss gemachte Kiechli-Eisen wird in den flüssigen Teig getaucht und dann direkt in rund 190 Grad heisses Fett (meist eine Mischung aus Fett und geschmolzener Butter) gehalten. Sobald sie aufgegangen sind und eine goldgelbe Farbe haben, löst man sie vom Eisen und lässt sie auf einem Gitter abtropfen. Dann werden sie mit Puderzucker überstäubt. An der Herbstmesse bietet nur noch die Firma Wacker & Schwob die ‹Roosekiechli› an, man findet sie auf dem Petersplatz. Obwohl das Unternehmen angibt, der Name Rosenkiechli stamme daher, dass sie seit den 1930er oder 1940er Jahren an der Rosentalstrasse in Basel verkauft wurden, kommt er in Wirklichkeit von der Form der Eisen, die häufig eine Rose darstellten. Es gab jedoch auch solche in Gestalt eines Herzens, eines vierblättrigen Kleeblatts, eines Sterns, einer Spirale und anderes mehr.

Das Riesenrad auf dem Münsterplatz: Präzision und Kletterkunst bei jedem Wetter

Wie bei vielen Dingen ist auch bei einem Riesenrad der Boden das Wichtigste. Er muss absolut eben sein – dies wird mit einem professionellen Nivelliergerät bestimmt und kontrolliert. Dann kommen die klassischen Richtschnüre zum Einsatz, mit Hilfe derer die Balken, welche den Boden bilden, genau ausgerichtet werden. Schon nur ein Zentimeter Differenz beim Boden würde oben bis zu einen Meter Schlagseite bedeuten, was die Stabilität des Rads gefährden würde.

Das Riesenrad wird auf 16 Lastwagenanhängern transportiert, dazu kommen zwei Wohnwagen, zwei Personalwagen, ein Küchenwagen, zwei Zugmaschinen und ein Mobilkran – und manchmal auch ein lokaler Teleskopkran. Wenn der Boden steht, wird zuerst das grün-weisse Grundgerüst aufgestellt. Die längeren Teile sind in der Mitte zusammenklappbar, damit man sie überhaupt transportieren kann. Es muss alles sicher befestigt und verankert werden – gewisse Bolzen werden in schwindelerregender Höhe eingeschlagen! Auch die Paneele mit den Lämpchen werden angebracht. Wenn die ‹Beine› bereit sind, wird die Mittelnabe eingefügt und die beleuchtete Scheibe mit dem ‹B› für ‹Bellevue›, dem Namen des Riesenrads, eingesetzt.

Jetzt werden die weissen ‹Arme› des Riesenrads montiert sowie der umlaufende gelbe Reifen, der ebenfalls mit Lämpchen versehen ist. Insgesamt sind es rund 45 000 Lichter, die das Riesenrad nachts beleuchten. Zuletzt werden die 42 Gondeln eingehängt, bei denen für den Transport der obere Teil über den unteren gestülpt werden kann.

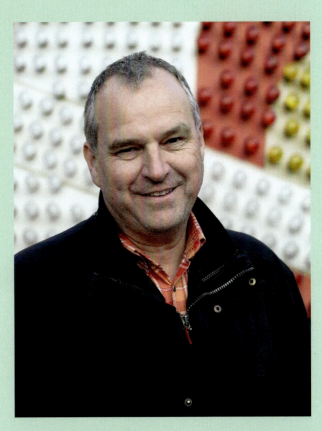

Für den fünftägigen Aufbau braucht es 18 Personen; es werden rund 2 km Kabel verlegt, damit das 26 m breite, 20,5 m tiefe und 55 m hohe Riesenrad funktionieren kann.

Für den Betrieb werden rund 13 Leute eingesetzt, die durch eine Köchin mit eigenem Küchenwagen verpflegt werden.

Optisch wurde das ‹Bellevue› komplett im Jugendstil gestaltet; bei seiner Entstehung war es das erste Rad, das durchgehend nach einem Thema konzipiert wurde.

Oscar Bruch jun., Chef der Schausteller-Familie Bruch, Inhaber des Riesenrads Bellevue und ‹Deutscher Schausteller des Jahres 2018›.

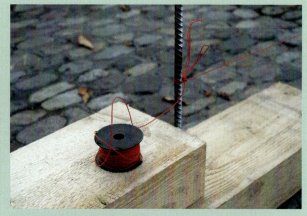

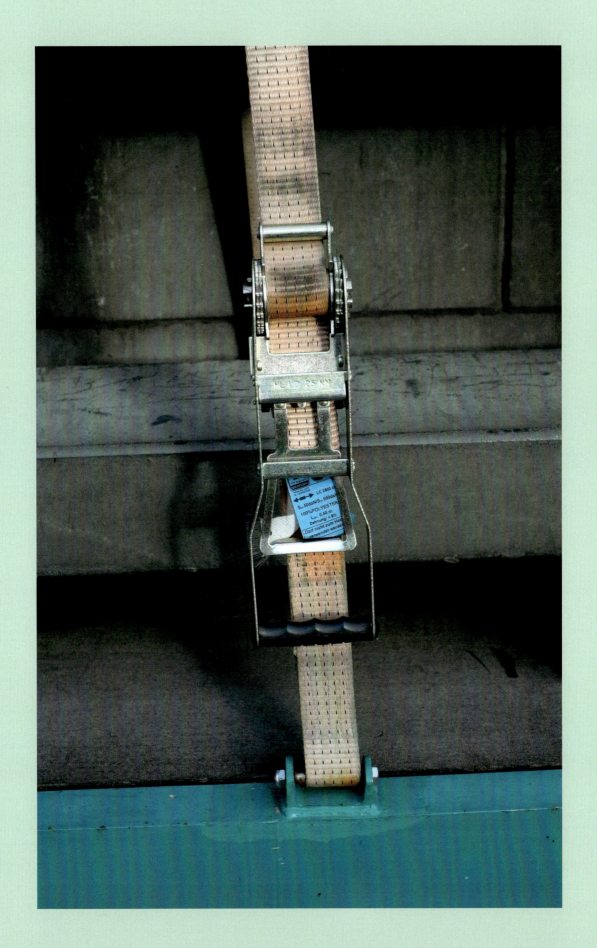

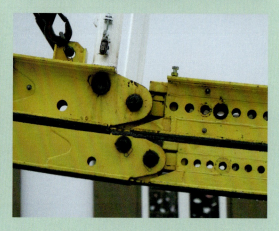

E Guete!

Süsse und herzhafte Köstlichkeiten

Genusssüchtige Basler: vom Honiglebkuchen bis zur Frühlingsrolle

Die Basler waren schon immer ziemlich genusssüchtig. 1446 schrieb Kardinal Enea Silvio Piccolomini, der spätere Papst Pius II: «*Wie überall auf der Welt, trifft man auch in Basel auf verschiedenartige Sitten. Man ist genusssüchtig, lebt zu Hause sehr gut, bringt einen grossen Teil seiner Freizeit beim Essen zu. Lasterhaft sind die Menschen aber nicht…*» Und der bekannte Stadtarzt Felix Platter führt in seinem Tagebuch auf, dass er – neben «*Lebkuochen, Kiechlin, Brutmuss [ein süsser Brei] und Weinwams [eine Art Glühwein] – bis zum Verleiden Zuckererbs [Zuckerkügelchen]*» ass. Der «*über siesse Spyssen und Confeckt begirige*» Platter offenbarte verschämt: «*Ich hatt ein Mol uf ein Mal ein klein Zucker Ledlin [Schächtelchen] aussgessen. Doruf wart mir Znacht so wee, dass ich meint, ich miesste sterben*».

Lebkuchen gehörten bereits im ausgehenden Mittelalter zu den bevorzugten Süssspeisen der Baslerinnen und Basler. Deshalb gab es den Beruf der Lebküchner, die nicht zur Brotbecken-Zunft gehörten, sondern zur Zunft zu Safran. Ursprünglich stellten sie die Lebkuchen nicht selbst her, sondern trieben nur Handel mit den Honigkuchen aus Strassburg und Nürnberg. Zudem waren sie die einzigen, die von der Regierung das Recht erhalten hatten, Honig einzukaufen. Später übernahmen sie die Rezepte ihrer Handelsware und stellten sie selbst her. Die Lebküchner durften allerdings ihre Süssigkeiten nicht immer verkaufen; in einem Gesetz von 1592 hiess es, dies dürfe nur am Nikolaus-Tag, an Weihnachten und an Neujahr geschehen. Später wurde ihnen erlaubt, ihre Stände auch während der Fronfastenmärkte und an der Messe aufzuschlagen.

So ist es kein Wunder, dass die Basler Bevölkerung sich an der Herbstmesse auf die süssen Lebkuchen, Hippen, Krapfen und anderes stürzte und diese in grossen Mengen verzehrte. Einige der Spezialitäten, die wir heute an der Herbstmesse kaufen, wurden früher von der ‹Basler Hausfrau› selbst hergestellt. Es gibt beispielsweise Rezepte für Marzipan aus dem Jahr 1557, Rosenkiechli (1701), Magenbrot (1871), Messmocken (1879), Rahmbonbons (1898) oder Türkenhonig (1933). Heute haben wir das Glück, dass wir an der Basler Herbstmesse alle diese Köstlichkeiten kaufen können. Einige werden gleich an Ort frisch hergestellt, wie die gebrannten Mandeln, die Rosenkiechli, die Zuckerwatte, das Popcorn, die Crêpes, die Brezel, die Maiskolben, die ‹Liebesäpfel› und die Schoggifrüchte. Andere Produkte werden kurz vor der Messe produziert: die Mässmoggen, die Lebkuchen, die gefüllten Biberli, der türkische Honig, das Magenbrot, die Beggeschmütz, die Magenmorsellen, die Rahmdäfeli und die Fondant-Zwiebelchen.

Natürlich kommt auch das Herzhafte nicht zu kurz: von der klassischen Bratwurst und dem Klöpfer über die Currywurst, das indische Steak und das Cordon Bleu bis zum Spanferkel kommen die Fleischliebhaber auf ihre Kosten. Käsefans erfreuen sich an einem Käskiechli, einer Quiche, einem Chäsbängel, einem Flammkuchen und einer Portion Raclette oder Älplermagronen. Diejenigen, die es spezieller mögen, finden asiatische Spezialitäten, Piadine, Fladenbrote, Bruschette, Risotto, Flammlachs, englische Pastries, Baked Potatoes, Rösti, Fischknusperli, Hamburger und Rinds-Haggfleischkiechli. Und zum Schluss gibt's einen ‹Vögeliwohl›-Tee… Es stimmt, die Basler sind wirklich ein wenig genusssüchtig, oder?

Diirggehoonig

Roosekiechli, Biirewegge,
Nougat, Maarzibaan und Megge,
doo e griene, deert e gääle...
Eppis aber daarf nit fääle,
schrybsch vo unsrer Mäss e Groonig:
Diirggehoonig

Laider findsch en, was jo schaad isch,
uff der Mäss nur no sporaadisch.
Bletzlig gseesch e Mooge lyychte,
root und wyss, e glitschig-fyychte,
scho fir d Augen e Beloonig:
Diirggehoonig

Und glyy, ooni di lang z bsinne,
hesch e Hampflen in der inne.
Heerlig siess wie Biine-Waabe
laufft s der iber d Zungen aabe.
Nai, dy Maage bruucht kai Schoonig:
Diirggehoonig

Bisch dehaim, so hesch e Moose
uff em Gilet und de Hoose.
An de Zeen gspyyrsch langi Fääde,
an de Blombe lyychti Schääde.
Glääbrig isch die halbi Woonig:
Diirggehoonig

Blasius (1948)

Ein Leben ohne Currywurst ist möglich – aber sinnlos!

Nebenschauplätze

Handschuhe, Pfarrerinnen,
Socken und Lobbyisten

Franz Baur:
Ohne Handschuh keine Messe

Ohne ihn gibt es eigentlich keine Messe. Ohne Handschuh die Messe einläuten? Ohne dieses traditionelle Startritual? Fast undenkbar… Dann gäbe es ja auch keine Gratisrunde für die Kinder! Zum Gespräch mit Franz Baur, dem aktuellen Glöckner, treffen wir uns auf dem Martinskirchplatz, nahe dem Martinsglöggli, seiner Wirkungsstätte. Er kommt elegant gekleidet in einem schwarzen Mantel und mit einer grossen Aktenmappe ‹bewaffnet›, aus der er während des Gesprächs immer wieder Unterlagen zieht. Er hat sich gut vorbereitet, um alle Daten passend zur Hand zu haben. Unter den weissen Haaren blicken seine Augen scharf und seine Sätze sind praktisch druckreif.

Der wunderschöne, alt-ehrwürdige Platz ist still und leer bis auf ein paar japanische Touristen, welche fleissig die alten Häuser und sich selbst davor fotografieren, und bald darauf weiterziehen.

> Nach einer Einladung zum gemeinsamen Einläuten des Neuen Jahrs, in der ersten Stunde des Neujahrs 1988, fragte Herr Röschard Franz Baur, ob er nicht sein Nachfolger als Messeglöckner werden wolle. Franz Baur lief es kalt den Rücken hinab – und ob er wollte!

Im Moment fällt es deshalb schwer, sich die aufgeregte Stimmung beim Messeeinläuten vorzustellen, wenn der Kirchplatz mit Hunderten von Menschen gefüllt ist. Franz Baur kennt diese Stimmung gut, und er geniesst sie. Ist doch das Messe-Einläuten Teil einer langen Basler Tradition, die ihm sehr am Herzen liegt. Franz Baurs Augen blicken ernst, als er davon erzählt. Er ist mit Stolz Basler, und die alten Sitten und Gebräuche sind ihm wichtig.

Als Primarlehrer bekam er eine Stelle im Schulhaus direkt am Münsterplatz – eine Ehre für ihn, wie er betont. Und er machte es sich zur Aufgabe, die Kinder, die hier zur Schule gingen, vertraut zu machen mit dem Vogel Gryff, der Fasnacht – und natürlich mit dem ‹Mässglöggli›. Bei allen drei Anlässen ist er übrigens seit Jahrzehnten aktiv, und heute zum Teil noch passiv, involviert. So stieg er an jedem ersten Messesamstag (damals, in den 1960er/70er Jahren war der Samstag noch ein Schultag) mit der gesamten Klasse hinauf in die Turmstube der alten Pfarrkirche zu St. Martin und liess seine Primarklasse den Brauch des Messe-Einläutens ‹hautnah› mit erleben: Wie der Messeglöckner den obligaten schwarzen Handschuh zum Fenster hinausschwenkte und anschliessend eine Viertelstunde lang die Messe einläutete. Auch beim Ausläuten war er immer dabei – ein Prozedere, das genau gleich abläuft wie das Einläuten, nur dass die Stimmung dann leicht melancholisch ist, und dass höchstens ein, zwei Dutzend Zuschauer kommen.

Dadurch erregte er wohl mit der Zeit die Aufmerksamkeit seines Glöckner-Vorgängers Alfred Röschard. Die beiden Herren kamen ins Gespräch, und eine Freundschaft entstand.

Dann, nach einer Einladung zum gemeinsamen Einläuten des Neuen Jahrs, in der ersten Stunde des Neujahrs 1988, fragte Herr Röschard Franz Baur, ob er nicht sein Nachfolger als Messeglöckner werden wolle. Franz Baur lief es kalt den Rücken hinab – und ob er wollte! Noch heute schwingt in seiner Stimme Ergriffenheit mit, wenn er die Begebenheit erzählt. Und so läutet er seit 1989 jedes Jahr die Basler Herbstmesse ein.

Das Ritual ist immer dasselbe: eine halbe Stunde vor dem Einläuten öffnet er um 11.30 Uhr die Türen zum Turm, und die ersten 30 der bereits ungeduldig Wartenden dürfen mit ihm die 117 Treppenstufen hinaufsteigen. Mehr haben beim besten Willen keinen Platz. So geht es hinauf in die Turmstube, von wo aus man einen herrlichen Blick über Basel hat.

Hier bekommt der Glöckner vor dem Einläuten von einem Vertreter der Freiwilligen Basler Denkmalpflege einen linken schwarzen Wollhandschuh überreicht, den er anschliessend durch ein Turmfenster der Menge unten auf dem Platz präsentiert. (Der Handschuh passt auch tatsächlich, wie Franz Baur auf Nachfrage hin bestätigt – «die von der Denkmalpflege haben meine Masse!»)

Davor aber bläst er in ein kleines Horn, das er extra dafür mitgebracht hat. Das mit dem Hornsignal ist – im Gegensatz zur Handschuhübergabe – eine ‹neumodische› Ergänzung. Der Grund dafür ist ein Telefonat, das eine aufgebrachte Kindergartenlehrerin mit Herrn Röschard, seinem Vorgänger, führte. War sie doch extra mit dem ganzen Kindergarten auf den Martinskirchplatz gekommen, um den Kindern zu zeigen, wie der Glöckner der Menge den Handschuh präsentierte. Doch ausgerechnet als dieser den Handschuh zum Fenster hinaushielt, schauten sie und die Kinder nicht nach oben. Ob er sich denn nicht vorher bemerkbar machen könne, fragte sie ihn dann. Er konnte, und so führt auch Franz Baur diese neue ‹Tradition› gerne fort.

Anschliessend folgt dann die ‹Arbeit›. Eine volle Viertelstunde lang muss Franz Baur die zwei kleinen ‹Mässglöggli› läuten. Dabei erhält er allerdings Unterstützung von einem Assistenten, denn alleine wäre das nicht möglich. Das Seilziehen an sich ist nicht so schwierig, aber «der Rhythmus muss stimmen – nicht zu schnell und nicht zu langsam, man muss es spüren», meint er. Und natürlich braucht es auch eine Portion Ausdauer, denn eine Viertelstunde kann unter diesen Umständen sehr lang sein.

Den zweiten Handschuh erhält er dann zwei Wochen später, beim Ausläuten. Mittlerweile hätten sich bei Franz Baur wohl 30 Paar schwarze Wollhandschuhe angesammelt, wenn er sie nicht bei gezielten Anlässen verschenken würde.

Bevor die Handschuhe als Lohn eingeführt wurden, bekam man beim Einläuten eine Jacke, wie er erklärt. Nur kam es leider ab und zu vor, dass der Glöckner zum Ausläuten dann nicht mehr erschien, weil er keinen Grund dazu sah. Mit einem einzelnen Handschuh hingegen konnte er nichts anfangen und war so gezwungen, auch das Ausläuten durchzuführen. Seit wann genau aber Handschuhe übergeben werden, ist leider nicht überliefert.

Franz Baur kennt all die Geschichten um das Messeeinläuten und hat sie schon oft erzählt. Aber man merkt ihm an, dass er es gern tut. Er ist den Umgang mit den Medien gewöhnt. Schliesslich hat er in mehr als 40 Jahren mit seiner prägnanten Stimme unter anderem fast 800 Fussballspiele im Schweizer Radio kommentiert.

Selbst spielt der Sportbegeisterte Tennis, und seine drei Töchter sind ebenfalls sportlich aktiv. Noch wichtiger aber ist ihm, dass er ihnen und den mittlerweile drei Enkelkindern die Liebe zu den Traditionen und Gepflogenheiten Basels mitgeben konnte.

Franz Baur spaziert er an der Herbstmesse am liebsten über den Peters- oder den Münsterplatz – wilde Bahnen hingegen sind nicht sein Ding.

Dieter Binggeli:
Vom Räucherstäbchen zum Spanferkel

«Im Jahr 2005 gab es einen Skandal im Marktverband, und der gesamte Vorstand musste zurücktreten – ich hatte wie immer die grösste Röhre geführt und wurde dann prompt zum Präsidenten vorgeschlagen...» So kam Dieter Binggeli, wie er selbst erzählt, doch sehr unerwartet zum Präsidium der Sektion Nordwestschweiz des Schweizerischen Marktverbands, welches er noch heute innehat. Zudem kümmert er sich ums Marketing und die eigentliche Marktorganisation selbst. Der Schweizerische Marktverband feiert übrigens 2021 sein 100-jähriges Jubiläum, zeitgleich mit dem 550-jährigen der Herbstmesse!
Dieter Binggeli lehnt sich bequem im Stuhl zurück, während er redet. Das Erste was an ihm auffällt, ist seine Brille – knallbunt sitzt sie in seinem Gesicht, während seine Augen dahinter lebhaft

leuchten. Er hat keine Angst aufzufallen. Das Hemd leicht über den Bauch gespannt, erzählt er mit angenehm dunkler Stimme. Er ist ein bisschen Paradiesvogel, Quereinsteiger und Reisender zugleich – in jeder Bedeutung des Wortes.

Gelernt hat er – auf Geheiss des Vaters – Maschinenbauzeichner, doch er arbeitete nicht einen Tag auf dem verhassten Beruf. Stattdessen wohnte er nach der Lehre während fünf Jahren jeweils ein halbes Jahr im ‹Hotel Mama› und gondelte während der übrigen Zeit als Handwerker durch die ganze Welt. Er lebte mit Fahrenden, Indern und Beduinen zusammen und teilte ihren Alltag. Aber seine grösste Liebe war und bleibt Asien. An der Herbstmesse verkauft der Hinduismus- und Buddhismus-Fan deshalb unter anderem Räucherstäbchen, ayurvedische Kosmetik und indische Götterfiguren.

> «Früher hatte ich am Stand viele Leute, die etwas sammelten und sich jedes Jahr etwas Neues dazugekauft haben, aber das gibt es praktisch nicht mehr – heute steht das Abstauben über dem Sammeln…»

«Früher hatte ich am Stand viele Leute, die etwas sammelten und sich jedes Jahr etwas Neues dazugekauft haben, aber das gibt es praktisch nicht mehr – heute steht das Abstauben über dem Sammeln…», deshalb hat er als neues Standbein nun zusätzlich einen Spanferkel-Stand, wo er Ferkel am Spiess brutzelt und anschliessend über die Theke verkauft.

Seine Hauptbeschäftigung aber ist die Arbeit für den Marktverband. Auch die Markthändler spüren sehr stark die Konkurrenz aus dem Internet sowie den tiefen Eurokurs, und Dieter Binggeli, als Vollblut-Organisator, hat es sich zur Aufgabe gemacht, Lösungen zu finden, um die Märkte wieder attraktiver zu machen. Auch leidet der Marktverband unter Mitgliederschwund – früher waren viele auch nur dabei, um beim Auswahlverfahren für die begehrten Herbstmesse-Plätze bessere Karten zu haben. Heute spielt die Mitgliedschaft im Verband keine Rolle mehr.

Trotzdem ist der Verband noch immer ein wichtiger Partner bei der Herbstmesse-Organisation. Dieter Binggeli findet: «Ich habe einen der interessantesten Jobs überhaupt. Ich habe mit der Polizei über Rettung über Beamte bis zur Elektroinstallation und mit allen Markthändlern zu tun. Ich habe es mit Stadtpräsidenten zu tun und Behörden. Das ist extrem abwechslungsreich. Und man muss alle unter einen Hut kriegen. Man muss sich ein Stück weit immer wieder anpassen und Kompromisse finden. Und ich muss immer versuchen, für meine Leute, für meinen Markt, das Beste herauszuholen».

Ein grosses Sorgenkind für die Markthändler sind die steigenden Gebühren, die laut Herrn Binggeli den sinkenden Verkaufszahlen diametral gegenüberstehen. Hier versucht der Verband, Gegensteuer zu geben, wo er kann.
Wichtig ist Dieter Binggeli auch, dass die Herbstmesse, gerade der Petersplatz, auch für Kinder attraktiv bleibt – schliesslich sind sie die Marktgänger von morgen. Sein Wunsch wäre deshalb

dort ein Kinderhort – so könnten die Eltern entspannt und in aller Ruhe über den Petersplatz schlendern (und natürlich dort einkaufen…) und auch die Kinder wären dann glücklich und beschäftigt. Dies hört sich nach einer klaren ‹Win-win-Situation› für beide Seiten an. Allerdings bleibt noch die Kleinigkeit der Kosten, die geklärt werden müssten.

Vom Mehrweggeschirr mit Depot hält er gar nichts: «Wenn da eine ganze Familie mit mehreren Kindern kommt, ist das Depot allein schon recht teuer. Zudem muss jeder Food-Stand alles Geschirr zurücknehmen, auch wenn es nicht von ihm selbst kommt. Da kommt einiges zusammen, das ist ein grosses Platzproblem, gerade bei Geschäften, die strategisch ‹schlecht› liegen und mehr Geschirr zurückbekommen, als sie Essen verkauft haben. Und auch hygienisch ist es alles andere als optimal, da die Teller oftmals nicht leergegessen sind. Und wenn ich das Geschirr aus Platzmangel hinter meinem Stand deponiere, gibt es immer welche, die es dort klauen und vorne wieder das Depot einkassieren…».

Der Schweizerische Marktfahrerverband SMV

Der Schweizerische Marktverband SMV wurde am 17. Juni 1910 in Zürich gegründet. Heute besteht er aus den fünf Sektionen Bern-Biel, Nordwestschweiz, Ostschweiz, Zentralschweiz und Zürich. Zwar ist die Sektion Nordwestschweiz die kleinste, aber mit den äusserst attraktiven Marktevents Basler Herbstmesse und Weihnachtsmarkt zugleich eine der wichtigsten.
Oberstes Organ ist die jährlich stattfindende Generalversammlung. Der Verband ist auch Herausgeber der ‹Schweizerischen Marktzeitung›, die monatlich in deutscher Fassung erscheint.
Ziel und Zweck des Verbandes werden auf der Homepage marktverband.ch wie folgt definiert: «Welche Ziele haben wir? Der Schweizerische Marktverband ist bestrebt, nicht nur die traditionellen Warenmärkte zu erhalten und dem Zeitgeist anzupassen, sondern den Behörden auch bei allgemeinen Marktveranstaltungen, Messen, Kilben, Frisch-, Floh- und Weihnachtsmärkten mit Rat und Tat beizustehen. Was motiviert uns? Der Markthandel ist eines der ältesten Gewerbe der Welt und auch heute noch der beliebteste Grossverteiler. Jährlich besuchen viele begeisterte Kunden die Märkte. Der Schweizerische Marktverband will dieses Kulturgut erhalten, pflegen und fördern.»
Der SMV ist hauptsächlich auf die Deutschschweiz ausgerichtet. Die welschen Markthändler sind in einem eigenen Verband organisiert, dem SRCI – Société Romande des Commerçants Itinérants. Versuche, die beiden Verbände zu vereinen, sind bis heute gescheitert.

Oskar Herzig:
Die Herbstmesse ist ein Teil der Basler Identität

Oskar Herzig lehnt sich bequem zurück, während er von seinem Werdegang erzählt. Er ist Markthändler durch und durch, dazu ehemaliges Mitglied des Grossen Rats. Neben dem Führen des Confiserie-Geschäfts Herzig-Jonasch ist er heute zudem als Sprecher für die Markthändler und Schausteller tätig.

Momentan gibt es in der Schweiz drei verschiedene Schaustellerverbände (den Schausteller-Verband der Schweiz SVS, die Vereinigten Schaustellerverbände der Schweiz VSVS und den Schausteller-Verein Bern) sowie zwei Markthändlerverbände – einen in der Deutschschweiz und einen in der französischsprachigen Schweiz. Trotz verschiedener Bemühungen ist es bis heute nicht gelungen, die Verbände zu fusionieren, damit sie als geeinter Ansprechpartner gegenüber Bund, Kantonen und Gemeinden auftreten könnten. Zu tief sitzen alte, gegenseitige Ressentiments, die noch aus früheren Zeiten stammen.

Deshalb kam Oskar Herzig nach seinem Rücktritt aus der Politik, wo er sich stark für das Schausteller- und Markthändlergewerbe eingesetzt hatte, auf die Idee, einen offiziellen Sprecher einzusetzen, der für alle Verbände zusammen eintritt. Seine Idee stiess auf Zustimmung, und so übernahm er in der Folge das neugeschaffene Amt – eine Rolle, die er sichtlich geniesst.

«Es gibt viele Probleme anzupacken», meint er. So war sein erster Job als Sprecher – in Zusammenarbeit mit dem Seco in Bern – einen Mindestarbeitsvertrag für das Schausteller- und Markthändlergewerbe auszuarbeiten. Ihn ärgert auch, dass offenbar immer mehr ausländische Schausteller eine Bewilligung bekommen:

> «Ich hatte gar keine Erfahrung, war ein politischer Späteinsteiger und Quereinsteiger und in keiner Partei. Ich habe mich dann gefragt, zu welcher Partei gehst Du? Also, Du bist eine selbständige Firma, das heisst, Du musst irgendwo in eine bürgerliche Partei.

«Schauen Sie, wenn ich im Deutschen oder in Frankreich meinen Stand aufstellen will, dann habe ich erstens Probleme am Zoll und zweitens ist es extrem schwierig, drüben einen Standplatz zu erhalten, weil die eigenen Leute bevorzugt werden. Umgekehrt aber können die anderen ohne Probleme bei uns aufstellen, und von der Obrigkeit heisst es dann immer, sie würden nur dann Ausländer nehmen, wenn es keinen Schweizer gibt, der dasselbe anbietet. Das ‹verhebt› aber meiner Meinung nach nicht immer.» Man hört seiner Stimme deutlich an, dass er genervt ist, wenn er davon erzählt.

Dies und das Gefühl, als Markthändler politisch zu wenig vertreten zu sein, waren unter anderem die Gründe, weshalb er sich 1999 dazu überreden liess, für den Grossen Rat zu kandidieren: «Ich hatte gar keine Erfahrung, war ein politischer Späteinsteiger und Quereinsteiger und in keiner Partei. Ich habe mich dann gefragt, zu welcher Partei gehst Du? Also, Du bist eine selbständige

Firma, das heisst, Du musst irgendwo in eine bürgerliche Partei. Ich wollte ganz offiziell die Markthändler und Schausteller vertreten und so habe ich mich dann bei allen bürgerlichen Parteien in Basel beworben. Mit ganz verschiedenen Reaktionen.»

Die SVP zeigte sich schliesslich als einzige Partei an einer sofortigen Kandidatur interessiert und nahm ihn nach kurzen Vorgesprächen auf ihre Liste, wo er – wie bekannt – prompt gewählt wurde. Ihm ist es auch zu verdanken, dass die Herbstmesse heute gesetzlich verankert ist. Eine entsprechende Motion ‹Zum Schutz der Basler Herbstmesse› reichte er nach bereits drei Monaten im Amt ein.

Er kämpft auch gegen die Belastung der Schausteller und Markthändler durch Kosten und Gebühren. Trotz allem ist und bleibt die Herbstmesse für Markthändler und Schausteller der wichtigste Anlass im Schweizer Markt-Kalender. Wie Oskar Herzig verrät: «Es gibt nichts Vergleichbares. Wir haben eine Erhebung gemacht: Eine Zusage an der Herbstmesse kann bei einem Markthändler zwischen 30% und 60% des Jahresumsatzes ausmachen, das ist existentiell!»

Was ihm ein bisschen Sorgen bereitet, ist der mangelnde Nachwuchs. Die Bedeutung der Basler Herbstmesse werde viel zu sehr unterschätzt, meint er, und zwar nicht nur wirtschaftlich: «Die Herbstmesse ist Teil der Basler Identität – schliesslich ist sie sogar älter als die Fasnacht!»

Katharina Hoby, Eveline Saoud, Adrian Bolzern: Wanderhirtinnen und -hirten

Haben Sie schon einmal einen Gottesdienst auf einer Autoscooterbahn (auf gut Baseldytsch ‹Botsch-Auti›) erlebt? Falls nein, haben Sie an der Herbstmesse am zweiten Sonntagmorgen Gelegenheit dazu.

Auf der blitzblank sauber geputzten Bahnfläche stehen dann auf einer Seite die Scooter-Wägeli, für einmal bewegungslos und starr, in Reih und Glied ausgerichtet. Sie dienen als Sitzgelegenheit für die Gemeinde, zusammen mit ein paar Stühlen für diejenigen, die nicht in einem Autoscooter Platz nehmen können oder wollen. Der ‹Altar› ist ein gewöhnlicher Tisch; allerdings bedeckt mit einem weissen Altartuch, das mit bunten Herbstmesse- und Zirkusmotiven bestickt ist; und von der Decke blitzen und blinken fröhlich die Scooterbahn-Lämpchen in allen Farben.

Drehorgeln begleiten den ungewöhnlichen Gottesdienst mit schwungvoller Musik, und leise mischt sich von draussen der Duft nach gebrannten Mandeln und Kääskiechli unter die Menge. Die Atmosphäre ist erwartungsfroh, und die Besucher des nach allen Seiten hin offenen ‹Andachtsraums› ziehen den Mantel enger, wenn ein Windstoss durch ihre Haare wirbelt.

> Der Gottesdient in Basel wird ökumenisch gefeiert, im Moment durch eine reformierte Pfarrerin und einen katholischen Priester. Sie tragen als Zeichen ihres Standes über dem gewohnten dunklen Talar weisse Stolen, die mit Riesenrädern, Karussell-Pferden und Männchen machenden Elefanten bestickt sind.

Dies ist das Wirkungsfeld der Schaustellerpfarrer. Da ihre ‹Schäfchen› ständig umherreisen, reisen ihnen die Schausteller-Pfarrer*innen oder -Priester eben nach. Und da auf dem Messeplatz, trotz des Namens, meist keine Kirche (mehr) vorhanden ist, wird eben kurzerhand die Scooterbahn zum Kirchenschiff umfunktioniert. Der Gottesdient in Basel wird ökumenisch gefeiert, im Moment durch eine reformierte Pfarrerin und einen katholischen Priester. Sie tragen als Zeichen ihres Standes über dem gewohnten dunklen Talar weisse Stolen, die mit Riesenrädern, Karussell-Pferden und Männchen machenden Elefanten bestickt sind. Wer aber sind diese doch eher unorthodoxen Schaustellerpfarrer? Wir haben uns mit ihnen unterhalten, um mehr herauszufinden.

Frau Eveline Saoud hat ihr Amt im September 2019 angetreten, deshalb haben wir sie zusammen mit ihrer Vorgängerin, Frau Katharina Hoby, die das Amt während 17 Jahren innehatte, als Vertreterinnen der reformierten Kirche befragt.

Die Tradition des reformierten Schausteller-Pfarramtes existiert in der Schweiz noch nicht so lange. Organisiert ist es über den Trägerverein des Pfarramts für Chilbi-, Markthändler- und Circus-Seelsorge, der 1996 in Zürich gegründet wurde. Dieser wird von der Deutschschweizer Kirchenkonferenz finanziell unterstützt. Zuvor hatte Pfarrer Ruedi Höhener die reisende Gemeinde während rund 20 Jahren betreut – bezahlt von den Schaustellerfamilien.

Was aber unterscheidet einen Schausteller-Pfarrer von einem ‹gewöhnlichen›? «Die seelsorgerischen Tätigkeiten sind die gleichen wie bei einer festen Kirchgemeinde», erklärt Katharina Hoby, eine energisch-liebevoll wirkende Frau mit blonden Haaren und hellen, klaren Augen. «Der grosse Unterschied besteht darin, dass bei den Schaustellern der Lebensbereich und der Arbeitsbereich identisch sind. Du gehst nicht am Morgen zur Arbeit und kommst abends heim, sondern du bist mit deinem Wohnwagen unterwegs, arbeitest dort und bist dauernd zusammen im Familiengefüge. Das ergibt einerseits eine grosse Nähe, andererseits ist man auch dann immer zusammen, wenn die Situation eher belastend ist. Oft sind es grosse Familienverbände, die unterwegs sind. Zwar ist jeder ein Teil dieses Verbandes, aber gleichzeitig ist er aber auch Konkurrent, denn die Möglichkeiten, die Chilbigeschäfte zu stellen, sind sehr begrenzt. Das ist schon eine sehr spezielle Situation».

Katharina Hoby: «Der grosse Unterschied besteht darin, dass bei den Schaustellern der Lebensbereich und der Arbeitsbereich identisch sind. Du gehst nicht am Morgen zur Arbeit und kommst abends heim, sondern du bist mit deinem Wohnwagen unterwegs, arbeitest dort und bist dauernd zusammen im Familiengefüge.»

Gerade dieses spannungsgeladene, ganz eigene Umfeld ist es, das sowohl Frau Hoby als auch Frau Saoud an ihrem Amt angezogen hat. Oder wie Eveline Saoud es ausdrückt: «Ich mag dieses ‹Nicht-Festgefügte›, dass ich mich jedes Mal neu auf die spezielle Situation vor Ort einstellen muss.» Übrigens ist das Schausteller-Pfarramt keine Vollzeitstelle. Frau Saoud übernahm dieses als 20%-Stelle und arbeitet «hauptberuflich» beim Mittelschulpfarramt in Zürich bei der Jugendarbeit. Aber wie sie sagt: «Man darf die Stunden nicht zählen...»

Frau Saouds Vater ist Marokkaner und Moslem, die Mutter evangelisch-reformiert; der offene und natürliche Umgang mit verschiedenen Religionen wurde ihr quasi in die Wiege gelegt. Ihre erste Pfarrstelle war in Scuol, einer Gemeinde, in der – wie bei den Schaustellern – ebenfalls jeder jeden kennt, und Geheimnisse nicht lange unentdeckt bleiben... Frau Saoud wirkt ruhig beim Gespräch und ihre Sätze sind wohlüberlegt. Dennoch strahlt sie Herzlichkeit aus.

Eveline Saoud: «Ich mag dieses ‹Nicht-Festgefügte›, dass ich mich jedes Mal neu auf die spezielle Situation vor Ort einstellen muss.»

Sie freut sich auf die neuen Herausforderungen in der Schaustellergemeinde. Die Schausteller selbst hat sie als sehr direkt kennengelernt – «so weiss man rasch, woran man ist» – findet sie. «Sie sind aber auch ebenso herzlich und grosszügig!».

Die Ursprünge des Gottesdienstes auf der Scooterbahn sind ein bisschen verschwommen. Seit 2002 hat er – soviel ist sicher – in Basel ununterbrochen stattgefunden, organisiert vom reformierten Pfarramt. Die ersten fünf Jahre wurde er rein reformiert gefeiert, schliesslich ist Basel Reformationsstadt. Danach wurde der Gottesdienst meist ökumenisch durchgeführt.

Gedacht ist er vor allem für die Schausteller*innen und Markthändler*innen, aber Jedermann und -frau ist willkommen – tatsächlich gibt es sogar so etwas wie eine kleine ‹Fangemeinde›, die sich die spezielle Atmosphäre an der Herbstmesse nicht entgehen lässt.

Ökumenisch durchgeführt wird auch eine weitere Spezialaufgabe der Schaustellerpfarrer: das Einsegnen von Fahrgeschäften. Als Schausteller ist man stark abhängig von Wind und Wetter, dem Wohlwollen der Behörden, der Spendierfreudigkeit der Besucher, und daher froh um jeden Beistand den man bekommen kann. So wird häufig der Wunsch geäussert, neue oder frisch renovierte Geschäfte einzusegnen.

Das wird pragmatisch gehandhabt, wie Frau Hoby erklärt: «einer von uns beiden Seelsorgern schwenkt den Weihrauch und der andere spritzt das Weihwasser». Wobei sie Wert legt auf die Feststellung, dass sie Menschen segnet, also die Leute, die die Geschäfte betreiben und benutzen, und keine Maschinen. Wie sie meint: «Es geht darum zu sagen, dass wir nicht alles in den Händen haben, sondern angewiesen sind auf eine gütige Macht. Diese Rituale sind hilfreiche Handlungen und wir zeigen so, dass wir das Bedürfnis der Menschen nach Schutz im Leben ernst nehmen».

Adrian Bolzern ist römisch-katholischer Priester. Er lacht viel und gern und nennt die Schausteller ‹Botschafter der Freude›. Er war – wie er selbst sagt – von klein auf ein ‹Chilbibueb›, was seiner Berufung als Schaustellerpfarrer natürlich entgegenkam. 2012 wurde er, nach einigen Umwegen im Lebensweg, zum Priester geweiht. Kurz darauf wurde er von seinem Vorgänger Ernst Heller angesprochen, ob er nicht dieses Amt übernehmen wolle? Wohl eine göttliche Fügung…!
2014 wurde er dann offiziell eingesetzt. Seit dann ist er auch beim Gottesdienst auf der Scooterbahn in Basel mit dabei.
Herr Bolzern arbeitet zu 50% als Schausteller-Pfarrer, die anderen 50% ist er als Kaplan in der Stadtpfarrei Peter und Paul in Aarau angestellt. Seine Stelle als Schaustellerpfarrer wird durch die Philipp-Neri Stiftung getragen, eine eigenständige Stiftung, welche sich zum Ziel gesetzt hat, für die Schausteller, Zirkusleute und Markthändlerinnen da zu sein. Die Stiftung ist nur durch Spenden finanziert, und Adrian Bolzern handelt im Auftrag der Schweizerischen Bischofskonferenz.

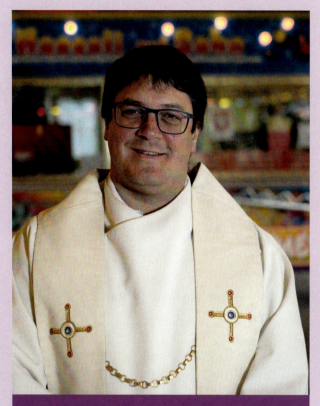

Adrian Bolzern: «Ich finde es persönlich noch gut, wenn mir nicht jeder gleich ansieht, dass ich Priester bin.»

Auch er betont, dass seine Arbeit nicht so stark von der Arbeit eines Pfarrers mit festem Pfarramt abweicht. Abgesehen von der Kilometerzahl auf dem Autotacho. Pro Jahr legt er gut und gerne etwa 40 000 km zurück.
Schwierig findet er manchmal die Abgrenzung, wenn er privat mit Freunden auf der Messe unterwegs ist. Vor allem, da er auch im Amt keinen Priesterkragen trägt. Er meint: «Ich finde es persönlich noch gut, wenn mir nicht jeder gleich ansieht, dass ich Priester bin».
Wer aber genau hinschaut, wird bei ihm am Kragen immer das Schaustellerpfarrer-Kreuz entdecken. Ein schlichtes Kreuz steht dabei zusammen mit einem Karussellpferd vor einem Zirkuszelt. Das Ansteckteil hat in etwa die Grösse eines Pins und leuchtet fröhlich, genauso wie die Augen von Adrian Bolzern.

Peter Howald:
Erholung auf dem See

Peter Howald wirkt auf den ersten Blick streng. Er ist breit gebaut und strahlt Autorität aus. Man merkt ihm an, dass er ein weitverzweigtes Geschäft führen muss und entsprechend grosse Verantwortung trägt. Der höfliche, freundliche Mann kam durch seinen Vater in das Schausteller- und Markthändler-Gewerbe. Dieser übernahm 1948 einen Grillstand seines Onkels und ging anschliessend per Veloanhänger und Zug damit auf die Reise.

Auch an der Basler Herbstmesse hatte sein Vater jahrelang einen Stand auf der Rosentalanlage. Bis der damalige Platzmeister auf ihn zukam und fragte, ob er nicht interessiert sei, einen zweiten Stand zu eröffnen, es habe zu wenig Bewerbungen gegeben (heute unvorstellbar, denn in der Regel gibt es doppelt so viele Bewerbungen wie Plätze). So wuchs das Geschäft, das heute mehrere Imbissstände, Fahrgeschäfte und auch Kinderattraktionen umfasst.

Bereits im Alter von 17 Jahren musste Peter Howald ins Geschäft einsteigen und dem Vater zur Hand gehen, da die Mutter bei einem Autounfall verunglückt war. Erst später fand er Zeit, eine private Handelsschule zu besuchen. Er ist – zusammen mit seiner Tochter Michèle – praktisch das ganze Jahr mit dem Organisieren und Führen diverser Stände und Märkte beschäftigt. Eine Arbeitslast die ihm wenig Zeit für Privates lässt, was er rückblickend bereut: «Die Kinder haben darunter gelitten, heute weiss ich, dass ein Ausgleich wichtig ist.» Wenn die Zeit es zulässt, verbringt er deshalb gern einen Tag auf einem See. Die Atmosphäre auf dem Wasser beruhigt ihn: «Wenn ich einen Tag auf dem See bin, ist das wie 14 Tage Erholung», meint er.

«Man muss halt immer investieren und mit der Zeit gehen. Aber gerade die Basler Herbstmesse ist eine alte Tradition und Teil unseres Schweizer Kulturgutes. Wenn man ‹ihr Sorg gibt› wird sie noch lange bestehen!»

Neben dem Imbiss- und Vergnügungsbetrieb, den er leitet, ist Peter Howald auch Präsident des Schausteller-Verbands der Schweiz, SVS, wo schon sein Vater im Vorstand sass. Peter Howald schwebt vor, die drei momentan existierenden Schausteller-Verbände unter dem Dach einer IG, einer Interessengemeinschaft, zu vereinen: «So könnte jeder Verband selbständig bleiben, aber wir könnten trotzdem mit gemeinsamer Stimme sprechen. Es gibt zwar immer noch welche, die das blockieren, aber ich hoffe, dass ich die mit einem guten Konzept von einer solchen Zusammenarbeit überzeugen kann.»

Für die Zukunft wünscht auch er sich, dass der Stellenwert der Messen und Märkte stärker wahrgenommen wird und neue Wege beschritten werden: «Auch der Petersplatz bräuchte nach zehn Jahren nun wieder ein neues Highlight», findet er. Die Konkurrenz aus dem Internethandel fürchtet er nur beschränkt: «Mit Jammern kommt man nicht weiter, man muss aktiv sein. Zum Beispiel hat es auf dem Markt in Ponte Tresa sehr viele Deutschschweizer, dabei ist es nicht billiger als

hier, und die Marktstände sehen genau gleich aus wie bei uns auch, aber die Ware ist besser präsentiert und das liegt an jedem selbst. Bei meinen Würsten als Beispiel setze ich auf Topqualität, und das wissen die Leute.»

Was ihm mehr Sorgen bereitet ist, dass die Jungen kaum auf Märkte gehen: «Auf den Dorffesten tauchen sie erst spät, so gegen 22.00 Uhr oder 23.00 Uhr auf und steuern dann direkt das Festzelt an.» Trotzdem ist er insgesamt optimistisch: «Man muss halt immer investieren und mit der Zeit gehen. Aber gerade die Basler Herbstmesse ist eine alte Tradition und Teil unseres Schweizer Kulturgutes. Wenn man ‹ihr Sorg gibt› wird sie noch lange bestehen!».

> *Der* **Schausteller-Verband-Schweiz** *verfolgt laut eigenen Angaben folgende Ziele:*
> *Er setzt sich für den Erhalt von Volksfesten, Messen, Kilben, Märkten und den Arbeitsplätzen der Verbandsmitglieder ein. Er engagiert sich für akzeptable Rahmenbedingungen im Interesse des gesamten Gewerbes und seiner Mitglieder. Er kämpft um würdige Anerkennung der Arbeit und mehr Wertschätzung bei den Behörden und der Politik (Schweizerisches Volkskulturgut). Der Verband steht im Dienst der Öffentlichkeit (Volksfestkultur) und strebt nach einer guten Zusammenarbeit mit den Behörden auf allen Ebenen und nach einem professionellen Umgang mit den Besuchern (Kunden).*

Urs Joerg:
Von Bibeln und Socken

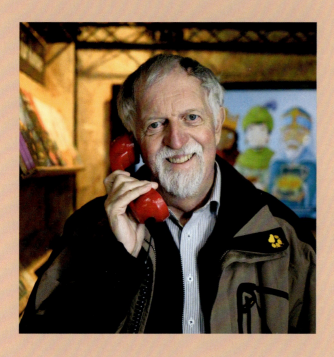

Haben Sie sich auch schon gefragt, was es mit dem Stand der Basler Bibelgesellschaft auf dem Petersplatz auf sich hat? Urs Joerg, Präsident der Gesellschaft, erklärt: «Die erste Bibelgesellschaft wurde 1804 in London gegründet. Der Grund war die Geschichte eines Mädchens namens Mary Jones aus Wales, das sehr gerne eine Bibel in seiner Sprache, nämlich Walisisch gehabt hätte, wofür es grosse Strapazen in Kauf nehmen musste. Einigen englischen Honorablen kam diese Geschichte zu Ohren. Sie waren sich einig, dass jeder Mensch Zugang zu einer Bibel in seiner eigenen Sprache haben sollte und gründeten zu diesem Zweck die ‹British Bible Society› mit der Idee, den reinen Bibeltext ohne Anmerkungen und Kommentare in möglichst viele Sprachen zu übersetzen. Da sie keinen Grund sahen, diesem Anspruch nur in England nachzukommen, fügten sie zeitgleich dem ‹British› auch noch ‹and Foreign Bible Society› hinzu.

Um die Idee möglichst rasch zu verbreiten, förderten die Mitglieder über Bekannte in den verschiedensten Städten auf dem Kontinent die Gründung weiterer Bibelgesellschaften. Einer der englischen Mitgründer war ein lutherischer Pfarrer, Karl Friedrich Steinkopf, der vor seinem Umzug nach London in Basel tätig war. Dieser kontaktierte 1804 sofort seine Basler Freunde, welche noch im gleichen Jahr die Basler Bibelgesellschaft ins Leben riefen, was die Basler Gesellschaft zur ältesten auf dem Kontinent macht.

Urs Joerg ist evangelisch-reformierter Pfarrer und neben seinem Engagement in der Bibelgesellschaft auch im Stadtteilsekretariat Kleinbasel aktiv, dessen Präsidium er bis Juni 2020 innehatte. Den Stand an der Basler Herbstmesse gibt es seit den 1960er Jahren, dieser war aber zuerst vor dem roten, jetzt abgerissen Hauptgebäude der Mustermesse und nicht am Petersplatz beheimatet. Früher wurden weitgehend einfach Bibeln in verschiedenen Übersetzungen ausgelegt, dies änderte sich in den letzten Jahren, und heute präsentiert sich der Stand multimedial. Man kann beispielsweise ein Foto von sich schiessen

> **Man kann ein Foto von sich schiessen lassen, so dass es aussieht, als stünde man mitten in einer biblischen Geschichte.**

lassen, so dass es aussieht, als stünde man mitten in einer biblischen Geschichte. Dies ist vor allem bei den Klassen im Religionsunterricht sehr beliebt, die oft während der Messe vorbeischauen!

Die Bibelgesellschaft ist auch noch anderweitig mit der Messe verbunden, sie organisiert nämlich seit den 1930er Jahren jedes Jahr den ‹Soggeball›. Der Soggeball ist kein Fussball aus alten Socken, sondern ein Anlass, der immer in der zweiten Woche der Herbstmesse stattfindet. Die Idee dahinter war, sich bei den Schaustellern und ihren Mitarbeitern, die bei jedem Wind und Wetter draussen stehen, mit einer kleinen warmen Mahlzeit und einem Paar handgestrickter Socken gegen die Kälte, für ihre Mühe zu bedanken. Zu Beginn gab es eine warme Suppe und heissen Kakao, heute wird den jeweils rund 200 Personen ein richtiges Essen mit Vorspeise, Hauptgang und Dessert serviert.

Dazu gibt es Live-Musik, eine kleine Aufführung, eine kurze Andacht zu einem Bibelthema, und meist wird auch noch ein Spiel gemacht. Was sich nicht verändert hat, ist die Tatsache, dass bis und mit 2018 am Ball kein Alkohol ausgeschenkt wurde. Was aber die Teilnehmer nicht davon abhielt, die Getränke heimlich mit eingeschmuggeltem Hochprozentigem anzureichern… Seit 2019 wird zum Essen nun offiziell Wein oder Bier zum Kauf angeboten.

Auch die handgestrickten Socken gibt es noch, von denen sich jeder und jede ein Paar mitnehmen darf. Diese werden von verschiedenen Privatpersonen extra für diesen Anlass gestrickt und sind nach wie vor sehr beliebt!

Charlie Senn:
Fünf Generationen Schausteller

Der Name Senn ist ein bekannter Name im «Schausteller-Business». Mit Riccardo Senn, dem Enkel von Charles (Charlie) Senn steht mittlerweile die fünfte Generation auf dem Platz.
Charlie Senn erzählt: «1912 hat der Grossvater das erste Karussell gebaut, der hatte eine Sägerei und hat es selbst zusammengezimmert, und dann ist die Reiserei losgegangen…»
Charles Senn ist noch immer schlank, und unter seinen weissen Haaren blitzen ein paar scharfe Augen, die je nach Stimmung kampfeslustig und leicht ungeduldig wirken. Er wuchs, wie die meisten seiner Generation, auf der Kilbi auf, und der Vater brachte ihm das Steilwandfahren mit dem Motorrad bei, damals eine Riesensensation und ein Publikumsmagnet auf jedem Platz. Ihre Kunststücke führten sie in den 1960er Jahren während rund zehn Jahren vor. Charles Senn erlitt dabei drei schwere Unfälle: ein verschobener Kreuzbeinwirbel, eine Hirnerschütterung und ein Beckenriss waren die Folge. Glücklicherweise verheilte alles folgenlos.
Bald darauf hörte Charles Senn, sehr zur Erleichterung seiner Frau, mit dem Steilwandfahren auf. Heute betreibt er, zusammen mit seinem Enkel Riccardo den beliebten Swing Up, der praktisch jedes Jahr auf der Herbstmesse zu finden ist.
1967 heiratete Charles Senn eine ‹Private›, so werden Nicht-Schausteller von den Schaustellern genannt. Wie er dazu augenzwinkernd meint: « Meine Frau war gelernte Goldschmiedin und Designerin. Die Umstellung fiel ihr jedoch nicht allzu schwer. Da auch sie aus einer Geschäftsfamilie stammte, war sie bestens auf die vielseitigen Aufgaben vorbereitet, die auf sie zukamen.»
Riccardo Senn, der die jüngste Generation vertritt, fasst es so zusammen: «Wir machen die Buchhaltung, kümmern uns ums Marketing, den Wagenpark, sind Elektriker und Mechaniker und verantwortlich für die Organisation des Transports, sowie des Auf- und Abbaus, ebenso für die Schulung des Personals, die Sicherheit und die TÜV Abnahme. Dazu sind wir oft auch noch Kindermädchen und Seelsorger und müssen mit den verschiedensten Leuten umgehen können, vom Politiker bis zum jungen Fahrgast. Wir machen alles. Trotzdem ist Schausteller kein Beruf, den man an einer Berufsmesse vorstellen kann, oder für den es eine Lehre gibt». Charles Senns Tochter, Riccardos Mutter, entschied sich für einen anderen Beruf, für ihren Sohn hingegen war von klein auf klar, wo er später sein wollte. Das Einverständnis der Eltern kam unter der Bedingung, dass er erst eine Lehre machen sollte. So lernte er Elektriker, eine Berufswahl, die er auch im Hinblick auf das Schausteller-Geschäft hin traf.
Charles Senn ist zusätzlich (zum zweiten Mal) Präsident des Schausteller-Vereins VSVS – Vereinigte Schausteller-Verbände der Schweiz. Die Aufgabe des VSVS ist es, für die Schausteller zu lobbyieren und als starker Ansprechpartner zu fungieren. Eine der grössten Sorgen der Schweizer

> «Wir sind gezwungen, die modernsten Lastwagen zu fahren wegen den Abgasnormen etc. Und dann heisst es immer, euch geht es ja gut, ihr habt teure Autos.»

Schausteller sind die steigenden Kosten durch höhere Gebühren, Platzgelder und Löhne sowie die Konkurrenz – vornehmlich aus Deutschland – welche die Schweizer Plätze bespielen darf. Eine hohe Belastung sind laut Charles Senn die Lastwagensteuer und die Schwerverkehrsabgaben. «Wir sind gezwungen, die modernsten Lastwagen zu fahren wegen den Abgasnormen etc. Und dann heisst es immer, euch geht es ja gut, ihr habt teure Autos. Nein, wir müssen diese kaufen, ob es uns dann gut geht, fragt niemand.» Auch ärgert ihn, dass die Schausteller in Europa und in der Schweiz laut ihm ungleich lange Spiesse haben. Während es kaum Schweizer Schausteller gibt, die in Europa fahren, gibt es einige Deutsche und andere Ausländer, die in der Schweiz ihre Fahrgeschäfte aufstellen. «Als Schweizer hat man in Deutschland keine Chance einen Platz zu bekommen, die vergeben die immer zuerst an die eigenen Leute», sagt er: «Auch sind die Unkosten in Deutschland viel tiefer, das Platzgeld für einen Autoscooter an der Basler Herbstmesse beispielsweise beträgt ein Mehrfaches des Platzgeldes für dasselbe Geschäft an einer 16-tägigen Messe in München.» Zudem ist der Stellenwert der Vergnügungsmessen in Deutschland viel höher und die Schausteller-Lobby dort sehr stark. Werden Verhandlungen mit Politikern geführt, so ist Kanzlerin Merkel oft direkt in die Gespräche involviert. Die Schweiz und das Schweizer Schausteller-Gewerbe ist natürlich viel kleiner; die Veranstalter greifen hier gerne auch auf ausländische Fahrgeschäfte zurück, wenn kein Schweizer diese anbieten kann. Deshalb wünscht sich Charles Senn – und Enkel Riccardo pflichtet ihm bei – dass die Basler Herbstmesse und auch andere Messen in der Schweiz mehr Rückendeckung durch die Politik erhalten.

Auf die Zukunftsaussichten des Gewerbes hin angesprochen meint Charles Senn nur: «Als junger Mann war ich 1976 beim Papst. Das war anlässlich eines Kongresses der Europäischen Union der Schausteller in Rom, wo die Präsidenten der verschiedenen Verbände zu einer Privataudienz beim Papst eingeladen wurden. Dort hat ein Reporter den Papst gefragt: «Wie sehen Sie die Zukunft für Schausteller?» Da meinte dieser: «So lange es Jugend gibt, solange wird es Feste geben.»

Es gibt in der Schweiz drei Schausteller-Vereine, den VSVS, den SVS und den Schaustellerverein Bern. Es gab schon mehrere, allerdings erfolglose Versuche, die drei Institutionen zu vereinen, um gemeinsam mehr erreichen zu können. Präsident des SVS ist Peter Howald (siehe Seite 232).

Auf der Homepage des von Charlie Senn präsidierten Vereins **VSVS** *finden sich folgende Informationen: «Rechtlich gelten in der Schweiz als ‹Schausteller› die Betreiber von Jahrmarkt und Kirmesvergnügungen, das bedeutet Betreiber von Fahrgeschäften wie Karussells, Riesenrädern, Achterbahnen, oder Attraktionen wie Wurf- und Schiessbuden; oder von mobiler Gastronomie und Verkaufsbetrieben (Fliegenden Bauten). (…) Der erste Schausteller Berufsverband wurde 1881 gegründet auf den Namen Schausteller-Verband Zürich. (…) Später kamen weitere Verbände dazu. Die VSVS - Vereinigten Schausteller-Verbände der Schweiz - wurden 1969 in Zürich gegründet. (…) Im Jahr 1975 trennte sich der Schausteller-Verband-Schweiz (SVS) und 2014 der Schausteller-Verein Bern von der VSVS und wurden wieder eigene Verbände.»*

Die VSVS sind u.a. auch Mitglied bei der ESU (Europäische Schausteller-Union), die 1954 in Amsterdam gegründet wurde und über 70 000 Mitglieder in 24 nationalen Verbänden hat.

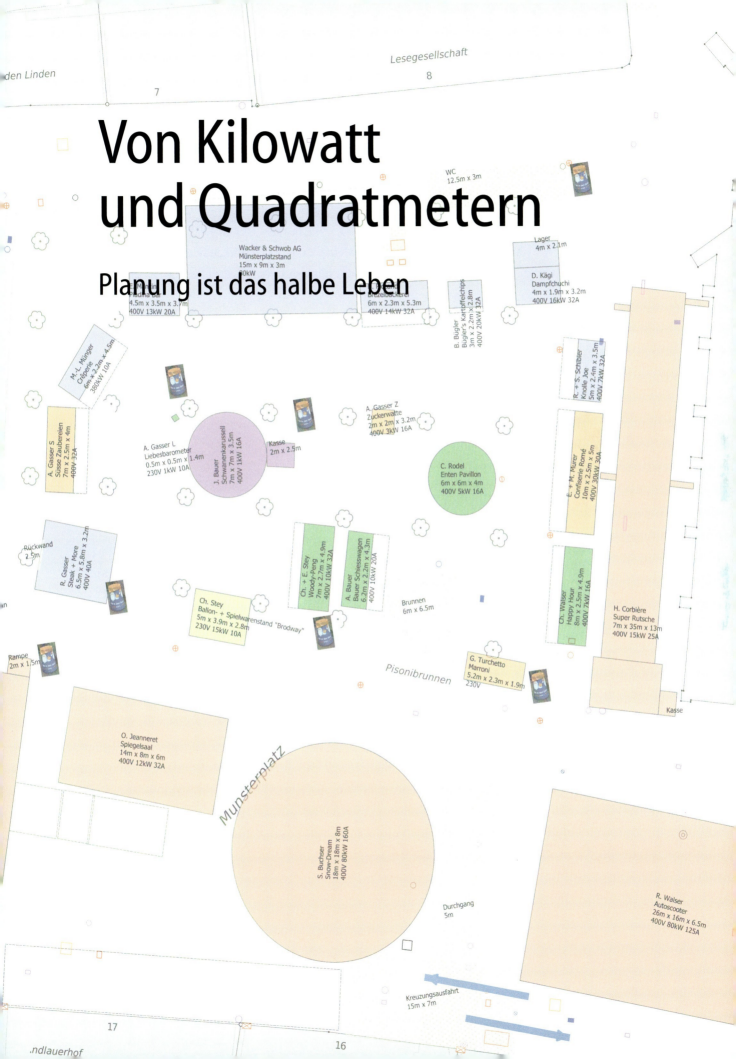

Elektrizität:
Die Stromer sorgen für den Antrieb

Ohne Strom, oder auf Baseldeutsch ‹Pfuus›, läuft auf der Herbstmesse natürlich absolut rein gar nichts: Weder blitzen Lämpchen, noch fahren Bahnen, noch gibt es warme Würste...
Dass alles klappt, liegt in der Verantwortung von IWB (‹Industrielle Werke Basel›) – in Zusammenarbeit mit einem externen Elektrounternehmen.
Wie überall gilt auch für die Messeorganisation: Nach der Messe ist vor der Messe. Bereits im Januar wird von IWB zusammen mit der Fachstelle für Messen und Märkte die Platzeinteilung für die kommende Herbstmesse angeschaut: Wo stehen die grossen ‹Stromfresser›? Wie hoch ist die Gesamtbelastung? Und vor allem: Kann die benötigte Stromlast von den bestehenden Einrichtungen geliefert werden? Falls nicht (was zwar selten der Fall ist), muss die Platzeinteilung der Bahnen überarbeitet werden.
Dass eine gute Planung absolut nötig ist, zeigen am besten die folgenden Vergleichszahlen: Allein das Riesenrad auf dem Münsterplatz benötigt eine Stromstärke von 400 Ampère – ein normales Einfamilienhaus verfügt im Normalfall über einen Hausanschluss mit 25 Ampère. Der Stromverbrauch des Riesenrads beläuft sich während der zwei Messewochen auf ca. 11 000 KWh. Zum Vergleich: Ein 4-Personen-Haushalt verbraucht pro Jahr im Schnitt etwa 4500 KWh. Wobei der Verbrauch beim Riesenrad früher fast doppelt so hoch war. Hier konnte der ‹Energiehunger› durch den konsequenten Einsatz neuer Technik sowie die Umstellung auf LED-Beleuchtung massiv gesenkt werden – spürbar somit natürlich auch im Portemonnaie des Betreibers! Der zusätzliche Stromverbrauch an der Herbstmesse beläuft sich insgesamt auf ca. 200 000 KWh.
Vorbereitung ist wirklich alles: Die grossen Plätze in Basel sind stromtechnisch standardmässig auf diese Spitzen-Belastungen ausgelegt – hier findet ja nicht nur die Herbstmesse statt, unter anderem nutzt auch der Weihnachtsmarkt diese Infrastruktur. So sind gewisse Verlängerungskabel vorinstalliert, zusammen mit Leerrohren, damit man flexibel auf die Nachfrage reagieren kann. Zudem sind auf verschiedenen Plätzen sogenannte KVKs, Kabelverteilkästen, fix montiert. Von hier aus muss man den Strom ‹nur› noch via Kabel zum Endverbraucher bringen. IWB verlegt dazu an der Herbstmesse geschätzte 3 km Stromkabel (die dicke, schwere Variante), sowie Hunderte Meter Verlängerungskabel. Das mitarbeitende Elektrounternehmen, welches unter anderem die Feinverteilung auf dem Petersplatz und auf der Kaserne übernimmt, verlegt zusätzlich nochmals ca. 15–20 km Kabel. Nicht mit eingerechnet sind die ‹kleinen› Verlängerungskabel der Standbetreiber...
Damit der genaue Strombedarf abgeschätzt werden kann, versendet IWB im Mai Anmeldeformulare an alle Messeteilnehmer. Hier muss jeder und jede genau angeben, wie hoch der eigene

> **Der Stromverbrauch an der Herbstmesse beläuft sich insgesamt auf ca. 200 000 KWh. Das entspricht etwa dem Jahresverbrauch von 44 Vier-Personen-Haushalten.**

Bedarf ist, und natürlich – ganz wichtig! – welcher Steckertyp benötigt wird. Zusätzlich muss jeder Schausteller einen Elektrosicherheitsnachweis vorlegen, der jährlich erneuert werden muss. Ohne Nachweis gibt es keinen Strom, wobei das in Basel zum Glück noch nie ein Problem war. Die Zusammenarbeit mit den Schaustellern ist in der Regel sehr gut – man kennt sich gegenseitig und respektiert sich.

Kommt ein neues Fahrgeschäft nach Basel, das sehr viel Strom benötigt, ist es in den meisten Fällen möglich, den Bedarf mit Netzumschaltungen oder ähnlichen Massnahmen trotzdem zu decken. Aber das muss natürlich entsprechend geplant und vorbereitet werden. Auf alle Fälle gilt: Es braucht eine sehr gute Organisation, um den Überblick über alle Unterlagen und die jeweils nötigen Installationen und das Material dazu zu behalten!

Sind die Daten für den genauen Strombedarf bekannt, kann die Feinplanung beginnen. Übrigens brauchen nicht nur Fahrgeschäfte, Spielwagen und Marktstände Elektrizität, auch die Wohnwagen der Schausteller müssen mit Strom (und natürlich auch Wasser) versorgt werden. Dies sind immerhin um die 200 bis 220 Einheiten, die in der Stadt und zum Teil beim Allschwiler Weiher verteilt stehen.

Zusätzlich zu den Stromanschlüssen müssen auf allen Plätzen auch eine grosse Menge an Kabelschützen organisiert werden. Das sind Schutzschwellen, die aus Sicherheitsgründen zum Einsatz kommen, wenn Kabel über eine Strasse oder einen Platz mit Fussgängerverkehr gelegt werden müssen. Hier kommen verschiedene Elemente zum Einsatz, je nachdem ob der Schutz einen LKW oder einen Kinderwagen aushalten muss… Auch hier gilt wieder: Vorausdenken ist gefragt, damit alles zur richtigen Zeit am richtigen Ort montiert werden kann. Weiter geht es dann Anfang August, wenn die Logistik vorbereitet werden muss: Offerten von Transporteuren und Lieferanten werden eingeholt und genaue Pläne erstellt, wer, wann, welches Material wo abholen und – vor allem – wohin liefern muss. Und Ende September fängt jeweils bereits wieder die Aufbauphase vor Ort an.

Neben der Installations-Kontrolle durch IWB werden die Fahrgeschäfte auch durch den TÜV nochmals kontrolliert. Dieser prüft jede Bahn mechanisch und elektrisch auf Herz und Nieren, denn Sicherheit wird ganz gross geschrieben.

Früher bestand das Herbstmesse-Team von IWB aus ca. 14 Leuten. Heute wird, dank neuen Materialien und neuer Technik, die ganze Arbeit mit 6–8 Personen gestemmt. IWB übernimmt dabei hauptsächlich diejenigen Vorarbeiten, die ein normaler Elektriker nicht ausführen darf. Der Auftrag für die restlichen Arbeiten wird ausgeschrieben.

Immer drei Wochen vor Messebeginn fangen die Installationsarbeiten auf den Messeplätzen an: Das beauftragte Elektrounternehmen kümmert sich vor allem um die Feinverteilung auf dem Petersplatz. Dies ist eine grosse Herausforderung, wenn man daran denkt, dass dort ca. 300 verschiedene Einheiten (Bahnen, Marktstände, Verpflegungsstände etc.) separat mit Strom versorgt werden wollen. Entsprechend wird lastwagenweise Material benötigt – gesamthaft rund 20–25 Tonnen (allein für die Herbstmesse ca. 100–120 Verteilerkästchen, Kabel, Verlängerungen, Steckdosen usw.). In der ersten Woche arbeiten fünfzehn Leute im hinzugezogenen Elektro-Team, weil dann mit dem Verlegen der Grobkabel ‹Schwerstarbeit› angesagt ist, danach sind es noch ca. acht. Wobei oft mehr als die regulären acht Stunden pro Tag gearbeitet werden muss, vor allem in der heissen Schlussphase. Schliesslich läuft während der ganzen Installationszeit der Countdown: Am Messe-Samstag um 12.00 Uhr muss einfach alles fertig sein…. Wobei natürlich schon vorher Elektrizität benötigt wird, da die meisten Bahnen ohne Strom gar nicht montiert werden können.

Es braucht deshalb von allen Seiten (Messen und Märkte, IWB, Elektrounternehmen etc.) eine wirklich gute Zusammenarbeit und präzise Planung, damit alles am Ende ‹passt›. Aber trotz allem hat wohl jeder der involvierten Mitarbeiter um 12.00h am Messe-Samstag, wenn alles zum ersten Mal anläuft, zumindest ein bisschen den ‹Zitteri›: Funktioniert auch alles oder funktioniert es nicht? – Bis jetzt hat es auf alle Fälle immer geklappt!

Während der Messe selbst sind immer zwei bis drei Leute von IWB und dem Elektrounternehmen auf Pikett für Notfälle. Vorgeschrieben ist, dass jedes Problem innerhalb einer halben Stunde gelöst sein muss. Denn es kann trotz allen Vorbereitungen und Kontrollen vorkommen, dass bei starkem Regen der sogenannte ‹FI›, der Fehlerstromschutzschalter, auslöst. Oder es können im schlimmsten Fall Sicherungen ‹fliegen›, weil zu viele Standbetreiber auf dem Petersplatz Heizöfen in Betrieb nehmen, die sie bei der Anmeldung für den Strombedarf ‹vergessen› haben.

Praktisch alle Bahnen sowie die meisten sonstigen Anschlüsse verfügen über einen Stromzähler, denn der Strom-Verbrauch wird in Rechnung gestellt. Damit wird sichergestellt, dass der kälteunempfindliche eingemummelte Standbetreiber nicht so viel bezahlen muss, wie das ‹Gfrörli› mit drei Heizöfchen…

Fachstelle Messen und Märkte: «Auf Eure Plätze, fertig, los!»

Kennen Sie den Begriff ‹Platzmeister›? Die Platzmeister (Basel hat gleich drei davon) gehören zur Fachstelle ‹Messen und Märkte› und sind – in Zusammenarbeit mit anderen Stellen – unter anderem verantwortlich für die Organisation der Basler Herbstmesse. Kurz gesagt: ohne Platzmeister keine Herbstmesse.

Platzmeister heissen deshalb so, weil jeder die Hauptverantwortung für einen oder mehrere Plätze trägt:

Roger Specht kümmert sich um den Petersplatz und feiert 2020 sein 20-jähriges Dienstjubiläum. Dominik Jäger wirkt vor allem im Kleinbasel, sprich Claraplatz, Kaserne, Vorplatz Messe, Rosental, Isteinerstrasse, Sperrstrasse, sowie in der 80-er Halle und deren Vorplatz, er ist seit 6 Jahren dabei. Daniel Weick zeichnet seit zwei Jahren verantwortlich für Barfüsser- und Münsterplatz und zusätzlich für die Verteilung der Wohnwagen sowie der Kühl- und Materialwagen.

Dann gibt es noch den ‹Meister der Platzmeister›, Manuel Staub, Leiter der Fachstelle ‹Messen und Märkte› in der Abteilung ‹Aussenbeziehungen und Standortmarketing› des Präsidialdepartements Basel-Stadt. Bei ihm laufen alle Fäden zusammen, er ist für die Gesamtkoordination der Basler Messen verantwortlich, also nicht nur für die Herbstmesse. Er ist auch der ‹Netzwerker› zwischen den verschiedenen involvierten Bereichen wie Sicherheit, Rettung, Baudepartement, Stadtgärtnerei, IWB und vielen anderen. Zudem ist er die Anlaufstelle bei Problemen mit Anwohnerinnen und Nachbarn, er erklärt und vermittelt bei Diskussionen mit Marktfahrer*innen und Schausteller*innen, er hilft bei der Lösung von logistischen Problemen und nicht zuletzt muss er dafür sorgen, dass die Messe-Verordnung aufs i-Tüpfelchen genau eingehalten wird (siehe Kästchen).

Wie organisiert man nun so einen Grossanlass? Bereits ein, zwei Tage (!) nach Abschluss der Herbstmesse treffen bei der Fachstelle Messen und Märkte die ersten Gesuche um einen Standplatz für die nächstjährige Messe ein. Jeder Schausteller und Markthändler, der an der Herbstmesse Basel dabei sein möchte, muss jedes Jahr aufs Neue ein entsprechendes Gesuch stellen. Im Schnitt gehen für jede Herbstmesse 1000 Gesuche ein, aber nur rund die Hälfte kann berück-

> **Auszug aus der Verordnung für die Herbstmesse**
> *Liegen mehr Gesuche vor, als Standplätze zur Verfügung stehen, so findet ein Auswahlverfahren statt. Als massgebliche Kriterien sind dabei in erster Linie zu beachten:*
> *a) die Attraktivität des Standes, insbesondere Angebot und Präsentation, unter Berücksichtigung des Charakters der Veranstaltung und des Publikumsbedürfnisses*
> *b) das Rotationsprinzip: bei gleichwertigen Ständen hat regelmässig ein Wechsel stattzufinden*
> *c) das öffentliche Interesse an Ruhe, Ordnung, Sicherheit*

sichtigt werden. Dabei müssen die Gesuche sehr ins Detail gehen. ‹Messen und Märkte› benötigt für die Planung – neben der Beschreibung des Geschäfts – genaue Infos: zum Beispiel über dessen Aussenmasse, den Strom- und Wasserbedarf mit der benötigten Stromstärke, die Anzahl und Aussenmasse der zu stellenden Wagen (Wohnwagen, Kühlwagen etc.), die Anzahl und Grösse der Transportmaschinen und vieles mehr. All diese Gesuche müssen erfasst und bestätigt werden. Anschliessend wird eine Grobauswahl erstellt, die dann in einem grösseren Gremium besprochen wird. Hier ist natürlich das Präsidialdepartement involviert; aber auch andere Institutionen wie Basel Tourismus und Einzelpersonen, die sich stark für Basel engagieren, sind im Gremium vertreten. Für die Auswahl werden die verschiedensten Kriterien herangezogen: Ein Aspekt kann beispielsweise sein, ob eine Bahn ganz neu ist, resp. noch nie in Basel war (Motto: höher, schneller, wilder) oder ob ein Besitzer vielleicht in eine ältere Bahn investiert und sie modernisiert hat. Die Auswahlkriterien sind klar in der ‹Verordnung betreffend Messen und Märkte in der Stadt Basel› festgelegt.

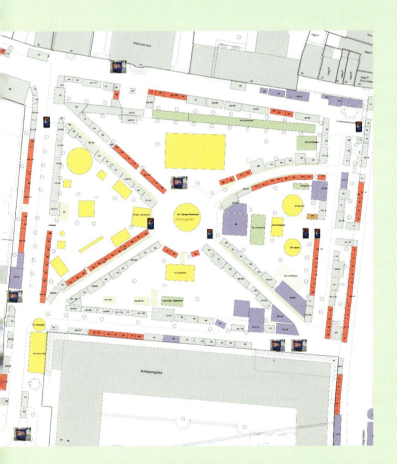

Die Auswahl soll eine gute Mischung aus Traditionsgeschäften, modernen Bahnen und interessanten Ständen sein. Sicherheit, Attraktivität für alle Altersgruppen und Qualität sind ebenfalls wichtige Aspekte. Dazu kommt, dass man aus Erfahrung – und um die Vielfalt zu steigern – gewisse Verhältnisse beibehalten möchte: Also nicht mehr als soundso viele Confiserien, Schmuckstände oder Wurstverkäufer insgesamt, oder auf einem Platz. Das sorgt für Abwechslung.

Hinter jeder Platzgestaltung steht auch immer ein Gesamtkonzept. Auf dem Kasernenareal stehen vor allem die ‹wilden› Fahrgeschäfte und ziehen ein entsprechendes Publikum an. Der Münsterplatz hingegen ist eher als ‹ruhiger Familienplatz› konzipiert, hier beispielsweise einen Freefalltower zu platzieren, würde nicht passen.

Steht diese Planung, wird eine erste Zeichnung mit der Platzgestaltung angefertigt. Hier kommen dann auch schon andere Planungs-Partner ins Spiel. So muss beispielsweise IWB abklären, ob der Strombedarf der Fahrgeschäfte so wie geplant abgedeckt werden kann, oder ob eventuell die Bahnen umplatziert werden müssen. Dazu kommen weitere Anforderungen beim Stellen der Attraktionen, wie die Einhaltung der Rettungsgassen, die Gewährleistung von Fluchtwegen und diversen Zugängen, öffentlicher Verkehr, Sicherheitskonzepte der Polizei und Rettung und vieles mehr. Deswegen werden auch die genauen Masse der diversen Bahnen, Wagen und Geschäfte benötigt – geplant wird praktisch auf den Zentimeter. Das ist in der Endphase eine wichtige Aufgabe der Platzmeister: Sie müssen sicherstellen, dass die Geschäfte ganz genau auf den ihnen zugewiesenen Plätzen stehen – und nicht 50 cm daneben.

Neben der Planung der Attraktionen selbst müssen auch die Standplätze für die vielen Wohn-, Kühl- und Materialwagen organisiert werden. Dies sind im Schnitt rund 200 Einheiten pro Messe, die viel Platz und entsprechende Infrastruktur wie Strom- und Wasseranschluss benötigen. Ausserdem werden vor allem die Fahrgeschäfte per Lastwagen in die Stadt transportiert. Auch diese zum Teil recht grossen Zugmaschinen und Anhänger müssen während der Messe irgendwo versorgt werden und brauchen Platz – viel Platz. Wenn die Messe dann ‹steht›, werden die Bewilligungen an die Schausteller und Händler verschickt, das passiert ungefähr im Juni.

Was die Platzmeister während des ganzen Jahres ebenfalls im Auge behalten müssen, sind allfällige Baustellen oder andere Verkehrshindernisse in der Stadt, welche die Messelogistik beeinträchtigen könnten. Denn schliesslich müssen für den Auf- und anschliessenden Abbau eine riesige Anzahl von Transporten der verschiedensten Vehikel koordiniert werden. Da wird jede Baustelle zu einer Herausforderung. Und jeder Bauherr hat Terminvorgaben, die er einhalten muss. Man kann also nicht einfach eine Baustelle schliessen lassen, um die Herbstmesse-Transporte durchzuführen. Gerade die Spezialtransporte, die bis zu 70 Tonnen wiegen können und nicht sehr flexibel sind, sind auf gute Anfahrtsmöglichkeiten angewiesen. Eine grosse Herausforderung besteht darin, dass es keine zentrale Stelle gibt, wo man all diese vielen Informationen abholen kann. Zusätzlich gibt es immer wieder Änderungen in letzter Minute – als Platzmeister braucht man entsprechend gute Nerven und muss kreative Lösungen finden können.

Jeder einzelne Schausteller und Händler bekommt von den Platzmeistern ein eigenes Auffahr-Zeitfenster zugeteilt, an dem er mit seinen Maschinen anfahren und seine Bahn abladen und aufstellen kann. Hier braucht es sehr viel Erfahrung um zu verhindern, dass die Lastwagen sich nicht gegenseitig blockieren, vor allem auf engen Plätzen wie dem ‹Barfi› oder dem Münsterplatz. Genauso wichtig zu beachten: Die Aufbau-Fenster müssen so geplant werden, dass die fertigen Stände und Geschäfte nicht den nächsten, die aufbauen wollen, im Weg stehen – das ist gar nicht so einfach. Vor allem, wenn sich mal jemand nicht an die vorgegebenen Zeiten hält oder halten kann. Aber selbst dann finden die Platzmeister eine Lösung. Im Notfall wird der Stand halt per kleinem Kran an seinen Platz zwischen den anderen gehievt... Alles schon vorgekommen! Und all dies, während das ‹normale› Geschäftsleben inklusive ÖV ungehindert weitergehen können muss. Gleichzeitig wird eng mit Feuerwehr, Polizei und Rettung zusammengearbeitet, damit bei einem Notfall die Rettungsfahrzeuge beim Einsatz nicht plötzlich durch irgendwelche Aufbauarbeiten blockiert werden.

Der konkrete Messeaufbau fängt eine bis zwei Wochen vor dem Starttermin an. Auf dem Petersplatz beginnt der Aufbau der Markthäuschen zwei Wochen vor Messebeginn. Für diejenigen Standbetreiber die einen eigenen Wagen dorthin mitbringen, zeichnet Roger Specht dann mit der Spraydose auf dem Boden genau ein, wo sie zu stehen haben und zeigt ihnen alles. Läuft aber trotzdem etwas schief, und der Markthändler stellt seinen Stand nicht genau nach den Markierungen, muss

er den Stand tatsächlich wieder abbrechen und neu am richtigen Ort nochmals aufbauen, denn der Platz auf dem ‹Petis› ist so eng bemessen, dass wirklich jeder Zentimeter zählt.

Nun werden die Wasser- und Strominstallationen überall vorbereitet. Neben dem Stellen der Fahrgeschäfte müssen die Schausteller ihre Wohnwagen unterbringen können. Auch hier hat jeder seinen zugewiesenen Platz – der allerdings immer knapper wird, da die Wohnwagen, wie auch die ganz normalen Autos, immer grösser und breiter werden. Wie Platzmeister Daniel Weick berichtet, braucht es vor allem beim Platzieren der Wohnwagen grosses Improvisationstalent. Hier gibt es kein genaues Auffahrdatum und man weiss nie genau, wer wann auftaucht und seinen Wagen wo abstellt… Die Zusammenarbeit mit den Schaustellern und Händlern ist im Allgemeinen sehr gut – man kennt sich schliesslich, und ein möglichst reibungsloser Ablauf ist im Interesse von jedem Einzelnen. Der grösste Teil der Wohnwagen ist in der Stadt hinter den Kulissen der Messe verteilt. Die fahrenden ‹Wohnungen› der Schausteller und Händler sind auf dem Kasernenareal, dem Barfüsserplatz, der Rosentalanlage und sogar auf dem Münsterplatz. Allerdings reicht der Platz trotzdem nicht für alle aus. Rund 30–40 Wagen werden auf einem separaten Platz in der Nähe des Allschwiler Weihers untergebracht. Die Lastwagen und Zugmaschinen hingegen kommen nach Weil am Rhein auf ein Gelände der Grün99. Dort wird von der Stadt extra ein grosser Parkplatz angemietet.

Während der Aufbauwoche sind die Platzmeister immer unterwegs und arbeiten meist zehn bis zwölf Stunden am Tag, damit alles überwacht ist und wie vorgesehen klappt. Wobei es das allerdings nie ganz tut, deshalb brauchen Platzmeister gute Nerven und lösungsorientertes Denken! Aber auch während der Herbstmesse selbst können sie sich nicht einfach auf ihren Lorbeeren ausruhen; zwei von ihnen stehen praktisch immer für Notfälle aller Art zur Verfügung.

Ab und zu gibt es in ihrem Alltag auch etwas zu schmunzeln: So suchte an der Herbstmesse ein Markthändler auf dem Petersplatz den Standplatz für seinen Marktwagen, den er an sein Auto gekoppelt glaubte – leider stand der Anhänger aber noch zu Hause, zwei Autostunden entfernt. Da half auch das Organisationstalent der Platzmeister nicht weiter…

Neben der Herbstmesse organisiert die Fachstelle Messen und Märkte ‹nebenbei› den Weihnachtsmarkt (der von den Herausforderungen her sehr ähnlich ist), sowie diverse Stadt- und Flohmärkte. Langweilig wird es den Platzmeistern also nie. Aber alle drei schätzen die grosse Abwechslung, die ihnen ihr Beruf bietet, und stecken viel Herzblut in ihre Arbeit.

Markthäuser: Das ist der Hammer!

Anderthalb Wochen vor Beginn der Herbstmesse werden auf dem Petersplatz die Standhäuschen aufgebaut. Dies wird vom Tiefbauamt in Zusammenarbeit mit der Fachstelle Messen und Märkte organisiert. Das Raffinierte am Aufbau: Die Häuschen sind weder zusammengeschraubt noch -genagelt, sondern ganz einfach zusammengesteckt. Das heisst, für den Aufbau wird nur ein Hammer benötigt, der Rest ist Handarbeit. Jedes Haus wird mit insgesamt 16 Keilen zusammengehalten, auch der Rollladen ist mit Stiften befestigt. Die Häuschen sind alle gleich. Hat ein Standbetreiber eine grössere Fläche angemietet, werden einfach die Zwischenwände bei zwei oder drei Ständen herausgenommen – et voilà! Der einzige Unterschied ist die Länge des Dachvorsprungs. Hier muss man beim Aufbauen allerdings aufpassen: Stehen die langen Dachvorsprünge am falschen Ort, kommen die Markthändler mit ihren Autos zum Ausladen nicht mehr in die Gasse.

> Jedes Haus wird mit insgesamt 16 Keilen zusammengehalten, auch der Rollladen ist mit Stiften befestigt.

Aufgebaut werden die 165 Häuschen meist am gleichen Ort. Die Platzmeister kümmern sich um die Verteilung und markieren am Boden den genauen Standplatz – und dieser muss auf den Zentimeter eingehalten werden, da das Platzangebot auf dem ‹Petis› eingeschränkt ist. Die Häuschen werden übrigens im Gefängnis Bostadel hergestellt – wenn Sie gut hinschauen, finden Sie die entsprechende Plakette, die auf manchen Häuschen zu sehen ist. Bevor dieses System eingesetzt wurde, verwendete man Marktstände mit Böcken und einem Dach über einer Querleiste. Das Aufstellen war aber aufwändiger, da die Stände aus viel mehr Einzelteilen bestanden.

Die gleichen Häuschen werden auch auf dem Basler Weihnachtsmarkt verwendet. Danach werden sie vor dem Versorgen kontrolliert, nötigenfalls repariert, und dann beim Dreispitz in einer grossen Lagerhalle eingelagert – bis zur nächsten Herbstmesse.

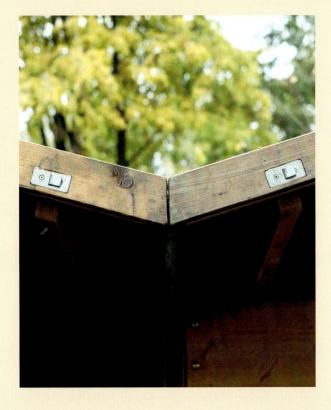

Polizei:
Sicher ist sicher

Die Polizei ist an der Herbstmesse auf vielen Ebenen gefordert. Das fängt an mit der Prävention, geht über diverse verkehrstechnische Fragen und Sicherheitsaspekte bis hin zum physischen ‹Präsenz markieren›. Auch bei der Polizei fangen die Vorbereitungsarbeiten früh an. Direkt nach der Herbstmesse findet mit allen Beteiligten (Fachstelle Messen und Märkte, Polizei und weiteren Ansprechpartnern) eine sogenannte ‹Debriefing-Sitzung› statt. Hier wird alles besprochen, was an der letzten Messe passiert ist, Positives wie Negatives; Erfahrungen werden ausgetauscht und Schlüsse gezogen, was man nächstes Jahr eventuell ändern möchte. Diese Erkenntnisse werden in einem ersten Orientierungsrapport zusammengefasst. Im Januar folgt bereits die nächste Sitzung. Hier wird dieser Rapport wieder aufgenommen, angepasst, und eine Schlussfassung formuliert. Diese Schlussfassung wird allen Teilnehmern zugestellt und dient als Grundlage für die Messedispositive, die jedes Jahr erstellt werden.

Im März ist die Zusammenkunft mit der Konsultativkommission der Fachstelle Messen und Märkte, bei der auch die Vertreter der Schausteller zu Wort kommen. Anwesend sind unter anderem Vertreter von IWB, der Messe Basel und natürlich der Polizei. Hier wird Stellung genommen zu allfälligen Problemen, aber auch positive Entwicklungen werden besprochen; zudem wird bereits das aktuelle Konzept für die kommende Herbstmesse diskutiert. Für die Polizei ist es besonders wichtig zu wissen, welche Bahnen an der Herbstmesse nach Basel kommen werden. Denn es hat sich herausgestellt, dass gewisse Fahrgeschäfte eine besonders grosse Attraktivität für eine gewisse, manchmal eher problematische, ‹Klientel› ausstrahlen.

> Es hat sich herausgestellt, dass gewisse Fahrgeschäfte eine besonders grosse Attraktivität für eine gewisse, manchmal eher problematische, ‹Klientel› ausstrahlen.

Weiss man im Voraus, dass wieder ein solches Geschäft kommt und wo es steht, kann man planen, wo man die Einsätze verstärken wird. Nach vielen weiteren Sitzungen und Besprechungen fliessen schliesslich alle Informationen in umfangreiche Dispositive ein: das Sicherheits- und das Verkehrskonzept. Mit deren Hilfe wird beispielsweise genau festgelegt, wo welche Verkehrsschilder aufgestellt werden, wer sich wann, wo und wie lange im Einsatz befindet und anderes mehr.

Für die Herbstmesse, wie auch für andere grosse Veranstaltungen in Basel, trägt ein Einsatzleiter die Hauptverantwortung. Tauchen irgendwelche Probleme auf oder gibt es Überschneidungen zum Tagesgeschäft, wird der Dienstoffizier aus dem regulären Betrieb aufgeboten. Es gibt auch viele Schnittstellen zu allen anderen involvierten Parteien, wie dem Präsidialdepartement, der Rettung, der Feuerwehr, der BVB, dem Gewerbeverband und anderen. Die Organisation der Basler Herbstmesse ist ein riesiger Team-Effort. Insgesamt werden an der Herbstmesse von der Polizei mehrere Hundert Leute eingesetzt, sowohl in Uniform als auch in Zivil. Ein wichtiger Pfeiler dabei ist die Jugend- und Präventionspolizei JPP, verstärkt durch den Einsatzzug. Die Mitarbeiter*innen der JPP sind Polizeibeamte, welche die übliche Ausbildung durchlaufen haben und sich anschliessend auf das Thema Gewalt- und/oder Jugendgewaltprävention spezialisiert haben. Sie sind vor allem an den ‹Hotspots› präsent. Sie kennen die Jugendlichen zum Teil schon aus der Schule und haben einen guten Draht zu ihnen. Ihre Präsenz und ihr Einfluss kann enorm helfen, eventuell entstehende Konflikte gewaltfrei zu lösen, respektive es gar nicht so weit kommen zu lassen. Daneben sind natürlich die restlichen Polizeikräfte für den Fall der Fälle immer bereit; gewisse Plätze werden zudem permanent überwacht. Für die Sicherung des Messegeländes während der Nacht ist die Polizei allerdings nicht zuständig (abgesehen von den üblichen Patrouillenfahrten, die auch übers Messegelände führen können). Diese Aufgabe wird der Fachstelle Messen und Märkte im Submissionsverfahren ausgeschrieben und jedes Jahr neu an eine private Sicherheitsfirma übergeben.

Seit 2016 arbeitet die Basler Polizei ‹trinational›, d.h. sie hat Vertreter der französischen und der deutschen Polizei dabei, die mit auf Patrouille gehen. Das ist vor allem auch am 1. November (Allerheiligen) nützlich, wenn viele Touristen aus den Nachbarländern die Messe besuchen. Dies kann einerseits die Hemmschwelle senken, wenn man Auskunft oder Hilfe braucht und sich in der jeweiligen Landessprache mit einem Polizisten unterhalten kann, andererseits signalisiert es auch ganz klar, dass hier die gleichen Regeln gelten wie in Deutschland oder Frankreich. Schwierig ist für die Polizei oft der Spagat zwischen der Verpflichtung, für Sicherheit zu sorgen (Beispiel Terrorabwehr), und der Problematik, als Spielverderber zu gelten. Manche Massnahmen werden nicht immer von allen goutiert, anderen wiederum gehen sie zu wenig weit. Hier hilft nur eines: mit den Leuten reden und erklären. Übrigens: Die Polizei erteilt ohne weiteres auch Privatpersonen Auskunft. Natürlich werden keine taktischen Überlegungen preisgegeben, aber interessierten Personen wird gerne ein Einblick gewährt.

Manchmal wird auch die Polizei überrascht. So findet seit 2010 in Basel immer um das Datum vom 31. Oktober herum, also genau während der Herbstmesse, ein ‹Zombiewalk› statt, an dem als Leichen verkleidete Menschen durch die Stadt schlurfen und wanken. Waren es am ersten Walk noch um die 20 ‹Untote›, so wuchs ihre Anzahl 2019 bereits auf ca. 300. Wie geht man als Polizist damit um, wenn während einer der meistbesuchten Veranstaltungen unangemeldet plötzlich gruselig geschminkte Leute quer durch die Stadt marschieren? Hier ist Augenmass und auch ein Quentchen Humor gefragt. Heute ist der Zombiewalk eine ‹Institution›, zu der die Leute von weither pilgern – seit ein paar Jahren mit offizieller Anmeldung und Bewilligung, denn schliesslich muss alles seine Ordnung haben, auch für Zombies!

Rettung:
Helfer in der Not

Die Herbstmesse hat auch Auswirkungen auf die Dienste von Sanität und Feuerwehr: Die Rettung von Messebesuchern – und natürlich auch anderen Personen in Not – muss auch im grössten Messetrubel gewährleistet sein. Zudem müssen die Ambulanzen und die Feuerwehr jederzeit informiert sein, wo durch die Messe selbst oder den Auf- und Abbau von Bahnen oder Ständen der Weg blockiert ist.
Die Vorbereitungsarbeiten dazu fangen jeweils im März an. Dann werden mit der Fachstelle Messen und Märkte des Präsidialdepartements die ersten Pläne besprochen; diese basieren auf den Konzepten der letzten Jahre. An diesen Sitzungen nehmen neben dem Rettungsdienst auch die Feuerwehr, die Polizei sowie die BVB teil.

Für die Rettung liegt der Fokus darauf, dass auch während des Messebetriebs bei einem Notruf jederzeit alle Orte der Stadt erreichbar sind, und zwar sowohl mit einem Rettungswagen als auch mit dem Feuerwehr-Löschzug. Dies ist vor allem bei Plätzen wie der Pfalz schwierig; deshalb müssen die Stände so platziert werden, dass diese Fahrzeuge immer noch durchpassen – und genau so wichtig sind die Fluchtwege für die Besucher. Auch dies hat grossen Einfluss auf die Gestaltung der Messeplätze.

> Für die Rettung liegt der Fokus darauf, dass auch während des Messebetriebs bei einem Notruf jederzeit alle Orte der Stadt erreichbar sind, und zwar sowohl mit einem Rettungswagen als auch mit dem Feuerwehr-Löschzug.

Alle diese Überlegungen fliessen in ein erstes Konzept ein. Die Beschlüsse daraus werden schriftlich festgehalten, allen involvierten Parteien zugesandt und dort nochmals geprüft. Diese Phase dauert bis ca. April/Mai. Nach den Sommerferien geht es an die weitere Detailplanung. Seit den Terroranschlägen in verschiedenen Städten muss leider auch dazu ein entsprechendes Sicherheitskonzept erstellt werden. Hier stellt sich unter anderem die Frage, wo und wie Sperrelemente aufgestellt werden müssen. Diese sollen einerseits ihre Schutzfunktion erfüllen, andererseits müssen Ambulanz und Feuerwehr immer noch durchfahren können – keine einfache Sache! Wenn alles geklärt ist, werden die verschiedenen Infos in drei Dossiers zusammengefasst, je eines für die Einsatzzentrale der Polizei, eines für die Berufsfeuerwehr und eines für den Sanitätsdienst.

Am Freitag vor der Messeeröffnung wird dann ein grosser Sicherheitsrundgang abgehalten, denn erst dann kann die Situation 1:1 vor Ort begutachtet werden. Auf diesem Rundgang sind dabei: der Leiter der Fachstelle Messen und Märkte mit einem Sekretär (der während des Rundgangs Protokoll führt), jemand von der Verkehrspolizei, von IWB, ein Fachmann des beauftragten

Elektrounternehmens, jemand von der Feuerpolizei, der Rettung, ein Spezialist vom Bauwesen, der sich um Abschrankungen und Zäune kümmert sowie – je nach Fall – auch jemand von den BVB.
Es sind also meistens rund zehn Personen, welche die gesamte Messe abschreiten, sich jede einzelne Einrichtung ansehen und sie überprüfen. Am Nachmittag werden die ganzen Sperreinrichtungen aufgestellt. Anschliessend wird mit einem grossen Feuerwehrfahrzeug testweise alles abgefahren, und die Installationen werden auf die Zufahrtsmöglichkeit für die Rettung hin geprüft.
Wenn Sie sich jetzt fragen, wie eine Rettung auf dem engen Petersplatz aussieht:

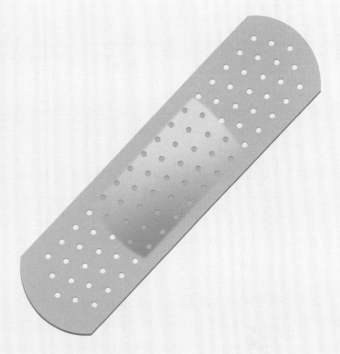

auch hierfür gibt es natürlich ein Konzept. Zwar sind die Wege zwischen den Marktständen für einen Rettungswagen tatsächlich zu eng, aber die Zufahrt zum Aussenbereich ist gesichert. Sollte jemand gestürzt sein und sich verletzt haben, wird die Person mit einer Trage zum Rettungswagen gebracht. Im Brandfall (was bis jetzt zum Glück noch nie vorgekommen ist) würden Schläuche von aussen nach innen verlegt, was sehr schnell möglich wäre.

Dank der guten Vorbereitung aller Beteiligten kam es bis jetzt noch nie zu einem grösseren Unglücksfall an der Herbstmesse. Gerettet werden müssen meist Menschen mit einem medizinischen Problem (von Stürzen bis zu Herzkreislaufschwierigkeiten ist alles vertreten). Es gab allerdings auch schon knifflige Situationen. So mussten einmal Messebesucher aus einem Fahrgeschäft gerettet werden, welches stehen geblieben war – unglücklicherweise hingen die Leute mit dem Kopf nach unten. Hier war wirklich rasches Handeln gefordert!

Stadtreinigung:
Von Johannkübeln und kleinen Tonnen

Rund eine Million Menschen besuchen jeweils die Basler Herbstmesse – das bedeutet auch viel Abfall und Schmutz. Dennoch braucht es für die Mitarbeiter der Stadtreinigung keinen Ferienstopp wie an der Fasnacht, auch wenn es tonnenweise Material zu entsorgen gilt.
Die durchschnittliche Abfallmenge der Stadt Basel pro Jahr beträgt etwa 5000 Tonnen; 405 Tonnen können dabei allein an einer Fasnacht zusammenkommen. Die Herbstmesse bewegt sich in einem ähnlichen Rahmen. Während dieser Zeit stellt die Stadtreinigung deshalb noch mehr Abfallkübel und -container auf, nämlich zusätzliche 63 Container à 700 Liter, sowie 24 so genannte Johannkübel. (Johannkübel sind offene kleine Tonnen, in die man bequem einen 110Liter-Abfallsack hängen kann). Im ‹Normalbetrieb› stehen rund 950 Abfallkübel in der ganzen Stadt verteilt, plus mehrere Container und Johannkübel an den ‹Hotspots›, je nach Jahreszeit. 2019 wurde ausserdem das Pilotprojekt ‹Für e suuberi Mäss!› ins Leben gerufen. Um bereits auf dem Messegelände die Trennung des Abfalls nach PET, Alu, Glas und Restmüll zu ermöglichen, wurden vier entsprechende Sammelstationen an der Messe aufgestellt.
Damit der Aufwand an der Herbstmesse besser bewältigt werden kann, beginnt die Reinigung der Messeplätze bereits um 06.00 Uhr morgens. Allein das tägliche Putzen des Petersplatzes benötigt eine bis anderthalb Stunden mit sechs Mann und mit Hilfe zweier Wischmaschinen. Petersplatz, Münsterplatz und Kaserne sind besonders aufwändig wegen der Bäume, die zu dieser Zeit viel Laub fallen lassen, deshalb ist auf diesen Plätzen auch die Stadtgärtnerei mitinvolviert. Und die vielen Kabel, die überall am Boden liegen, stellen ein zusätzliches Hindernis dar.
Die Leerungen der Container finden meist frühmorgens statt, damit bei Messebeginn alles wieder bereit ist. An der Herbstmesse 2019 wurden übrigens 984 Containerleerungen registriert, das sind 984 x 700 Liter plus der Abfall aus den anderen Behältnissen: man rechne…
Die Container und Kübel werden in die Wischmaschinen entleert, die aber oft bereits nach einer Stunde voll sind. Anschliessend fahren diese zum nächstgelegenen Magazin der Stadtreinigung (es gibt 12 davon, verteilt über das ganze Stadtgebiet), wo der Inhalt in Pressmulden gekippt und anschliessend der Verbrennung zugeführt wird.

Es gab auch Versuche, den Abfall zu trennen. Diese scheiterten jedoch an der Kosten-Nutzen-Rechnung, sprich der Aufwand war zu gross und der Ertrag zu klein. So wird der Abfall verbrannt und die dabei entstehende Wärme wird im Fernwärmenetz genutzt.
Nach der Messe gibt es auf allen Plätzen eine (dringend nötige) ‹Grundreinigung›.

TÜV:
Die Lizenz zum Loslegen

So schön eine Fahrt auf einer Bahn auch ist, vor allem muss sie eines sein: sicher. Aus diesem Grund werden alle Fahrgeschäfte vor der Inbetriebnahme auf Herz und Nieren geprüft. Früher wurde das von der Basler Baupolizei übernommen, heute sind in der Schweiz drei Organisationen dafür zugelassen: TÜV Thüringen, TÜV SÜD und TÜV Rheinland.
Sobald feststeht, welche Bahnen an der Herbstmesse stehen dürfen, bekommt eines der TÜV-Unternehmen vom Präsidialdepartement des Kantons Basel-Stadt eine Liste mit den Anlagen, den Ansprechpartnern sowie den geplanten Anfahrts- und Aufbauzeiten. Diese bildet die Grundlage für eine erste Planung der Prüftermine. Anschliessend werden mit sämtlichen Schaustellern Prüf-Termine abgestimmt. Zugleich wird intern geplant, wie viele und welche Sachverständige eingesetzt werden. Dazu werden Gespräche mit den Messeverantwortlichen in Basel geführt, um sich detailliert abzusprechen. Insgesamt müssen in drei Tagen rund 55 Fahrgeschäfte überprüft werden, meist werden dazu Zweierteams eingesetzt.

Da die Messe an einem Samstag beginnt, finden die Prüfungen zwischen Mittwochmorgen und Freitagabend statt, in Ausnahmefällen, beispielsweise für Nachprüfungen bei Beanstandungen, auch noch am Samstagvormittag vor dem Einläuten. Die Prüfungsdauer pro Geschäft ist unterschiedlich und hängt vom Anlagentyp ab. Kleine und/oder einfache Anlagen wie Kinderkarussells sind schnell erledigt, bei grossen und komplexen Bahnen wie einer Achterbahn oder einem Riesenrad kann eine Prüfung auch mehrere Stunden in Anspruch nehmen. Sollten Mängel entdeckt werden, was ab und zu vorkommt, müssen diese nachgebessert werden. Es erfolgt eine Nachprüfung.

> Bei grossen und komplexen Bahnen wie einer Achterbahn oder einem Riesenrad kann eine Prüfung mehrere Stunden in Anspruch nehmen.

Prüfgrundlage ist die in der Schweiz geltende Norm EN 13814 («Fliegende Bauten und Anlagen für Veranstaltungsplätze und Vergnügungsparks, Sicherheit»), Kapitel 7.7.2 ‹Gebrauchsabnahme›. Hier ist der jeweilige Prüfumfang definiert. Ein wichtiger Punkt ist beispielsweise die von den örtlichen Bodenverhältnissen abhängige sichere Unterbauung der Anlagen («Unterpallung»). Es wird auch der strukturelle Zustand der Anlagen begutachtet (Verformungen, gerisseneSchweissnähte, etc.) sowie der Zustand der elektrischen Installation. Diese Prüfungen erfolgen teilweise stichprobenartig, je nachdem wie die Norm es fordert. Sollten hierbei Mängel gefunden werden, wird die jeweilige Prüfung deutlich erweitert bis hin zu 100 Prozent.
Ein weiterer Punkt ist die Prüfung der Dokumente und deren Vollständigkeit. Für jede Anlage muss ein Prüf- oder Revisionsbuch nach den in der Schweiz geltenden Anforderungen mit den wichtigsten technischen Unterlagen vorliegen. Ebenso muss eine gültige Schaustellerbewilli-

gung vorhanden sein. Diese erhält nur, wer seine Anlagen regelmässig in einer zugelassenen Inspektionsstelle überprüfen lässt und hierfür einen Nachweis besitzt. Zu guter Letzt muss ein sogenannter SINA, ein Sicherheitsnachweis für die elektrische Sicherheit vorgelegt werden, welcher von einem Elektrofachbetrieb erstellt wird.

Den Abschluss der ‹Gebrauchsabnahme›, wie der korrekte deutsche Begriff lautet, bildet dann oftmals ein Probebetrieb mit Testfahrt, hin und wieder auch mit einem Sachverständigen an Bord.

Quellen und Bildnachweis

Text-Quellen

Allgemein

Basler-Bauten.ch, Thomas Loretan und Matthias Ackermann
Markus Fürstenberger, Ernst Ritter: 500 Jahre Basler Messe, Verlag Helbing & Lichtenhahn, Basel, 1971
Traugott Geering: Handel und Industrie der Stadt Basel - Zunftwesen und Wirtschaftgeschichte bis zum Ende des XVII. Jahrhundert, Felix Schneider, Basel, 1886
Eugen A. Meier: Festfreudiges Basel, Buchverlag Basler Zeitung, 1992
Fritz Meier: Basler Heimatgeschichte, Lehrmittelverlag des Kantons Basel-Stadt, 1974
Sweet Basel AG, Birsfelden
Max Stoop: S'isch Chilbi-Ziit. Ein illustrierter Querschnitt durch vergangene Chilbijahre. Th. Gut Verlag, Stäfa, 1997
Max Stoop: Sensationen – Attraktionen an Jahrmarkt und Chilbi. Th. Gut Verlag, Stäfa, 1999
René Teuteberg: Basler Geschichte, Christoph Merian Verlag Basel, 1986
Rudolf Wackernagel: Geschichte der Stadt Basel, Band 2/I, Helbing & Lichtenhahn, Basel, 1911
Verein Kulinarisches Erbe der Schweiz; patrimoineculinaire.ch

Einzelne Themen

Fronfasten: Walter Bär-Vetsch, Kraft aus einer anderen Welt, online auf www.urikon.ch (2019)
Franz Hohler: Das verspeiste Buch. Eine Geschichte. Sammlung Luchterhand, München, 2008.
Mit grossem Dank an den Autor.
Messbatzen: Johanna Von der Mühll: Basler Sitten, Schweizerische Gesellschaft für Volkskunde Basel, 1985 (Erstauflage 1944)
Münster: Dorothea Schwinn-Schürmann: Das Basler Münster, Schweizerischer Kunstführer, Gesellschaft für Schweizerische Kunstgeschichte GSK
Selmeli Ratti: Emelyn González, Marcus Fürstenberger: SwieSelmeli. Aus dem Leben von Selmeli Ratti – von Apfel bis Zwiebel. Spalentor Verlag, 2004.
app.koppelstaetter-media.de
Blasius: der Baasler und sy Wält. Gsammledi Gidicht und Väärs us 50 Johr. Friedrich Reinhard Verlag, Basel, 1986

Bildnachweis

8 Foto Christian Lienhard, Basel
9 Foto Markus A. Jegerlehner, Langenthal
11 Foto Lucia Hunziker, Basel
13 Foto Bardh Hoxha, Basel
15 Theodor Barth: Hääfelimäärt, undatiert (um 1925), aus Eugen A. Meier: Festfreudiges Basel, Buchverlag Basler Zeitung, 1992
16 Sebald Beham, das grosse Kirchweihfest, 1539, Kupferstichkabinett Berlin
20 Jakob Senn: Fronfastenmarkt, 1818 Kunstmuseum Basel, Jonas Haenggi
22 Kunsthistorisches Museum Wien, Inv. Nr. 4398
23 St. Urk. 1909. gr, StABS
25 oben: Inv. 1883.36 Historisches Museum Basel, Foto Peter Portner
    Inserate aus: Markus Fürstenberger, Ernst Ritter: 500 Jahre Basler Messe, Verlag Helbing & Lichtenhahn, Basel, 1971
27 Privatbesitz Basel, Foto Marcel Jenni
31 Emma Kron: Bilder aus dem Basler Familienleben in baseldeutschen Versen, Benno Schwabe Verlagsbuchhandlung, Basel, 1901. Illustration: Karl Jauslin
32 BSL 1013 1-2610 1 Foto Hans Bertolf, StABS
34 Signatur unbekannt, StABS. aus: Markus Fürstenberger, Ernst Ritter: 500 Jahre Basler Messe, Verlag Helbing & Lichtenhahn, Basel, 1971
35 oben: aus Basler Stadtbuch 1982, Christoph Merian Verlag Basel, 1983. Foto Kurt Wyss
    unten: Foto Pino Covino, Basel
36 oben: Foto Pino Covino Basel
    unten: Fotos Christian Lienhard, Basel
37 Foto Christian Lienhard
38 Foto Jan Geerk, Basel
40 NEG 1250, StABS
41 NEG A 1594 StABS
42 BSL 1013 1045 h 3-5-18-6 (Fotoarchiv Hoffmann), StABS
43 BSL 1013 1045 h 3-5-18-7 (Fotoarchiv Hoffmann), StABS
45 oben: NEG 21538, StABS
    unten: BSL 1013 1-437 1 (Foto Hans Bertolf), StABS
46 BSL 1013 1-2849 1 (Foto Hans Bertolf), StABS
47 Foto Christian Lienhard
49 oben: NEG 1322, StABS
    unten: NEG 2451, StABS
50 NEG 21007, StABS
51 vlnr: NEG 21032, NEG 21014, NEG 21033. BSL 1013 1-1703 1, BSL 1013 1-3114 1, BSL 1013 1-3510 1 (alle Foto Hans Bertolf), StABS

52 BSL 1013 1-4339-3 (Foto Hans Bertolf), StABS
53 BSL 1013 1-4339-1 (Foto Hans Bertolf), StABS
54 oben: Archiv Wacker&Schwob, zVg
    unten: Archiv Michel Bistro GmbH, zVg
55 Privatbesitz Basel, aus Markus Fürstenberger, Ernst Ritter: 500 Jahre Basler Messe, Verlag Helbing & Lichtenhahn, Basel, 1971. Schweizer Beobachter, Zürich
56 Foto Christian Lienhard, Basel
59 vlnr: NEG 21026, BSL 1013 1-2275 1 (Foto Hans Bertolf), NEG 21019, NEG 21039, StABS
61 NEG 21022, StABS
62 BSL 1013 1-3491 (Foto Hans Bertolf), StABS
63 oben: BSL 1013 1-4781-1 (Foto Hans Bertolf),
    unten: BSL 1013 1-6552-1 (Foto Hans Bertolf), StABS
64 Foto Jan Geerk, Basel
66 BSL 1013 1-5692-1 (Foto Hans Bertolf), StABS
67 NEG 81018, StABS
68 oben: BSL 1013 1-1465 1 (Foto Hans Bertolf)
    BSL 1013 1-998 1 (Foto Hans Bertolf), StABS
    unten: Foto Christian Lienhard
69 Foto Christian Lienhard, Basel
70 Foto Pino Covino, Basel
73 oben: BSL 1013 1-361 1 (Foto Hans Bertolf)
    unten: BSL 1013 1-891 1 (Foto Hans Bertolf), StABS
74 oben: BSL 1013 1-1707 1 (Foto Hans Bertolf)
    unten: BSL 1013 1-2031 1 (Foto Hans Bertolf), StABS
75 Fotos Christian Lienhard, Basel
76 Fotos Mimmo Muscio, Basel
77 Foto Pino Covino, Basel
78 Foto Jan Geerk, Basel
81 Foto Christian Lienhard, Basel
83–86 Plakatsammlung Schule für Gestaltung, Basel
88 Dariia Pelekhai, 2019
89–96 Fotos Christian Lienhard
97 245400125 KEYSTONE/Ennio Leanza
98–167 Fotos Christian Lienhard; ausser
135 Foto Fredi Zumkehr, ‹Crème die Konfitüre zum Kaffee›
136 Foto Emelyn Gonzalez
159 Foto Michael Meier
168–174 oben: Foto Christian Lienhard, Basel
    unten: Foto Pino Covino, Basel
175–184 Foto Christian Lienhard, ausser:
180 Foto Mimmo Muscio, Basel
185–269 Fotos Christian Lienhard, Basel; ausser
252 Foto Pino Covino, Basel
271+276 Präsidialdepartement Basel-Stadt
273 Shutterstock, 242686075, Foto Thaddeus
278–286 Fotos Christian Lienhard; ausser
281 KEYSTONE Foto Georgios Kefalas
283 Shutterstock, 72530137, Foto Emir Simsek

StABS: Staatsarchiv Basel-Stadt

Der Verlag hat sich bemüht, sämtliche Copyright-Inhaber und Inhaber von Abbildungsrechten (Persönlichkeitsrechten) ausfindig zu machen und deren Einverständnis einzuholen. Sollten Rechteinhaber übersehen worden sein, so bitten wir die Betroffenen, sich mit dem Verlag in Verbindung zu setzen.

Aadie Mäss!

Vo de Dächer dropft der Räge,
druurig luegt der Seibi dry,
s warte n die letschte Wäge...
D Mäss isch ummen und verby.

Grad no het s vo Mentsche gwimmlet
by der Uni vis-à-vis.
Scho het s Martinsgleggli bimmlet
und der Petersplatz schlooft y.

Bude stehn no umme, lääri,
Bletter falle vo de Baim,
und nit ohni Ärdeschwäri
laufsch der Platz duruus und haim.

Sugsch derby am letschte Mogge.
D Luft isch freschtelig und fycht.
Merggsch nit, wien uf waiche Sogge
hinder dir der Winter schlycht?

Goht au d Wält nit uus de Fuege,
dass s verby isch, duet der laid.
Aadie Mäss, uff Widerluege,
bring is s näggscht Johr wider Fraid!

Bring du uns in hundert Gstalte
Bude, Bahne, Zauber, Späss
fir die Jungen und die Alte,
fir der Bebbi und sy Mäss!   *Blasius*